可复制的
领导学

U0456890

# 不一样的领导学

## 小团队管理的
# 8个窍门

高远 / 主编

三辰影库音像电子出版社
SUNCHIME
北 京

**图书在版编目（CIP）数据**

小团队管理的 8 个窍门 / 高远主编 . — 北京：三辰
影库音像电子出版社，2021.10
（不一样的领导学）
ISBN 978-7-83000-513-9

Ⅰ.①小… Ⅱ.①高… Ⅲ.①团队管理 Ⅳ.
① C936

中国版本图书馆 CIP 数据核字 (2021) 第 062948 号

## 小团队管理的 8 个窍门

责任编辑：王　伟
责任校对：韩丽红
排版制作：文贤阁
出版发行：三辰影库音像电子出版社
社址邮编：北京市朝阳区东四环中路 78 号 11A03，100124
联系电话：（010）59624758
印　　刷：阳信龙跃印务有限公司
开　　本：880mm×1230mm　1/32
字　　数：454 千字
印　　张：25
版　　次：2021 年 10 月第 1 版
印　　次：2021 年 10 月第 1 次印刷
定　　价：150.00 元（全 5 册）
书　　号：ISBN 978-7-83000-513-9

现代管理学之父彼得·德鲁克认为:"确实有一些人天生就具备领导人的特质,但这样的情况只是少数,领导力是一种必须经过不断学习的过程。"

可见,领导力并不完全是与生俱来的,而是后天努力获得的,是一种可以掌握的、可以复制的技能。只要付出足够的努力,掌握了其中的秘诀,任何人都能拥有领导力。

你拥有领导力吗?

即使你是总裁、总经理,也不代表你就自然拥有领导力。所谓领导力,不仅在于学识、能力、品质,还在于是否具有影响别人的号召力,以及自如驾驭他人,包括比自己强的人的感召力。

追根究底,领导工作,本质是一种沟通、协调人与人之间的关系的工作,是一场错综复杂的心理博弈。一个卓越的领导者,要能透过表面看透人心,科学地识人、用人;要能深谋远虑，深谙制衡之术，收拢各种人才。真正的领导力，应该能使羊群变狼群，打败真正的狼群。

该怎样获得领导力呢？

学习，学习，还是学习。

本书是一本真正有含金量的、有参考价值的实用性领导学书籍，内容丰富，逻辑清晰，语言简洁，本书从如何带团队、如何管理小团队、如何拥有高情商领导力及如何识人、用人、管人等方面，全面分析领导力。其中，不但有精辟的理论阐释，还有经典的企业案例、历史名人案例和现实生活案例，以及实用的技巧策略，适合每一位领导者及想要成为领导者的人才。

正如彼得·德鲁克所说："并不是只有高管才是管理者，所有知识工作者，都应该像管理者一样工作和思考。"学会领导力的秘诀，掌握管理者的思考模式，将有助于职场的人际交往，有助于提高工作效率以及个人的职业规划。提升领导力，会影响越来越多的人，会让更多的人追随你，让你成为更卓越的人。

总之，个人和企业发展兴衰荣辱的绝大部分，都源自领导力！

# 目录
CONTENTS

**窍门 3**
## 量体裁衣，将人用到刀刃上

**窍门 4**
## 赏罚分明，给小团队立立规矩

窍门1

# 团队可以小，管理者必须强

- ◆ 培养自己的领袖气质
- ◆ 教下属干活而不是自己拼命干
- ◆ 别把下命令想得太简单
- ◆ 没有员工喜欢长篇大论的会议
- ◆ 不做井底蛙式的管理者

# 培养自己的领袖气质

任何团队、组织都必须有领军人物负责统筹规划，管理团队。连动物群体也都遵循此模式，比如狼群。它们的组织就有属于自己的等级模式，最高等级的领导由阿尔法狼担任，次级领导由贝塔狼担任，其余的狼则属于最低等级。

阿尔法公狼体格强壮、性格强势，有着出色的领导才能和狩猎能力。阿尔法母狼则负责协助公狼管理狼群，包括支援、团结其他领导，形成领导团体等。总体来说，阿尔法母狼的特点与公狼正好互补，二者相辅相成。整个狼群的生存境况，就由这对阿尔法狼的智慧、能力以及管理才能决定。

没有一头狼生来就是王者，阿尔法狼能成为狼群首领，受到狼群的认可和拥戴，都要归功于它在成长过程中所练就的各种能力。对人类而言亦是如此。没有人生来就是优秀的管理者，领袖的气质和出色的管理才能都是通过不断学习获得的。接下来，给大家分享一个值得借鉴的团队故事。

何晨在一家保险公司就职，在团队成立的 5 年间，作为团队负责人，他曾 7 次荣获公司金质奖章，他的团队每年都超额完成任务，已经连续 4 年被公司评为"优秀团队"，是企业最佳绩效团队之一。何晨团队能取得如此成绩，离不开他个人的努力。努力是何晨的"标签"，也是他成为优秀管理者的关键要素。

团队刚刚成立时，困难重重，面对各种难题，何晨没有退缩，他想办法解决这些难题：团队成员缺乏专业知识和工作经验，他就自己开课培训；缺少积极性，他就想方设法激励和动员团队成员。就这样，不到半年时间，他的团队就由刚开始的十几人扩展到四五十人，他也被公司晋升为销售主管。

何晨很清楚，要想将一个团队变成精锐之师，光靠自己是不够的，自己要优秀，成员也要同样优秀才行。于是他开始广纳贤士，同时进行增员与培训两项工作。

（1）完善了招聘员工的奖励制度，设置内部推荐奖，只要成功介绍成员加入团队就有现金奖励；

（2）设立新人教育津贴，新人完成培训有了业绩，同组组员还可领取津贴。

这样的奖励制度，极大地激发了团队成员招收新员工的热情。

另外，为建立团队架构，培养团队成员的能力，他从小组讨论会到公司例会，都实行轮流分享制。每个小组按顺序轮流宣讲，以此锻炼成员的胆量和语言表达能力。他还以团队为整体进行布局，下设例会策划部、工作培训部、团队文化部、人事行政部和群工部，团队所有成员都有对应的岗位。同时，他还鼓励大家与不同行业的人多接触、交流，要求成员每天拜访一些客户，保持工作的热情和态度。

何晨通过自己的努力，打造了一支他想要的团队，作为管理者，何晨无疑是优秀的。其实，从很多优秀的管理者身上，我们都能看到一种专属于管理者的领袖气质，这是一种坚韧、奋进的个人力量，是一种可以置之死地而后生的气魄。

P 是某地有名的地产商，他也是从籍籍无名一步步奋斗起来的，他的成功与他的领导力是分不开的。

对 P 的房地产事业来说，A 项目是其成功的起点。不过，它的销售也并非一帆风顺。公司创立之初，市场竞争极为激烈，销售情况并不像 P 想象得那么顺利。这种情况激化了公司另一位高层管理人员 D 与 P 的矛盾，两人剑拔弩张，谁也不肯让步。最终，不抱希望的 D 决定放弃这座"城"，另寻他路。

D 离开以后，公司内忧外患，但 P 没有慌乱，他知道此时最需要的就是稳定人心。他第一时间组织销售部门开会，在会上强调了两点："第一，我们都不要在下面传闲话；第二，我们现在一定要在短期内掀起一个销售高潮。" P 的话切实鼓舞了员工，人心稳了，干劲儿也足了，都积极投入到现代城的销售中。不仅如此，P 还积极招聘新的销售人才，前来应聘的有数千人，着实壮大了 A 项目的销售队伍。

人员招聘结束后，P 又重新组建了销售队伍，团队成员信心十足，做好了披荆斩棘的准备。结果是可喜的，在 P 的鼓舞和销售人员的不懈努力下，A 项目的销售直线上升，最好的一天销售额达到了 3000 多万人民币。

可见，领导者在企业管理中具有着十分重要的作用，能否激励员工迎难而上、带领公司走出困境，都在于领导者的运筹帷幄。

那么，一个人如何才能成为优秀的团队管理者呢？回顾何晨的事业发展历程，我们不难发现，以下特质是必不可少的。

### 1. 具有前瞻性

团队管理者是对组织中各项事宜有决策权力的关键人物，因此一定要有前瞻性，要具备超出常人的眼光，包括开发具有潜力的项目的能力以及慧眼识才的能力等。面对复杂变幻的市场形势，管理者要能在浪潮中找到正确的发展方向，带领员工竭尽全力取得胜利。

### 2. 清醒

作为团队管理者，要始终保持清醒的头脑，睿智而富有创造力。具体来看，在不同的阶段，应该有不同的考量。在团队创立之初，应当具有清晰的团队发展战略，给成员指明方向。在团队壮大过程中，要有洞察力，及时发现团队成员面临的困境并为他们提供指导。在团队停滞不前时，要具备独到的眼光，敢于创新，学习和运用其他团队的优势，使团队永葆活力。

### 3. 从容

所谓从容，是指团队遇到困难时，团队管理者能够沉着冷静地应对及始终怀有强烈的自信。要拥有从容优雅的风度，就要具备大将之风。团队管理者是全体成员的主心骨，在风浪面前，必须成为团队的大旗，带领团队突出重围。

### 4. 广开言路

作为团队管理者，在工作中一定要广开言路，鼓励大家真诚地发表意见，只有群策群力，团队才会蓬勃发展。同时，这样做可以让团队内部形成敢于自我表达的文化，可以极大程度地提高工作效率。

### 5. 知人善任

作为团队管理者，要学会知人善任，根据员工的特长合理安排工作岗位，使得人尽其才，最大限度地为团队服务。

领袖气质，是优秀管理者由内而外散发的，是需要日积月累培养的。每一个管理者都应该自觉去培养自己的领袖气质，不断提升自我修养，不断学习，积累经验，让自己成为更称职的管理者。

# 教下属干活而不是自己拼命干

无论大企业，还是小企业，作为管理者，都要弄清楚自己的职责。那么管理者的主要职责是什么呢？顾名思义，就是管理、带领员工。

纵观古今中外，凡是取得了惊人成就的企业家，无一不是管理高手，无一不懂得授权的道理。一个公司，管理者想要事事亲力亲为是不可能的，纵使管理者再有能力，也分身乏术，所以，管理者的首要任务是教员工干活儿，而不是自己干。

倘若一个管理者将主要精力放在自己做事上，那么他是没有很多精力去帮助和指导下属工作的。例如，你是一个销售主管，你手下有 5 个销售员，如果你每天都只忙于自己的销售工作，却对手下不闻不问。那么，就算你销售业绩再好又有何用呢？如果手下的销售员没有完成业绩，你的这个团队就是失败的，身为主管，你难辞其咎。所以，管理者一定要明白，你的主要工作是通过下属实现团队目标，而不是搞个人英雄主义。

有的管理者总以忙为理由拒绝和下属沟通，对于下属的问题，常常用一句"自己去想"搪塞，或者直接越俎代庖，替下属解决。这两种做法都是不可取的。管理者需要指点下属的问题，这样下属才能明白问题所在，才能获得成长和进步。

有的管理者独断专行，不允许下属发表意见，也不愿意授予下属太大的权力，生怕下属搞砸，毁了整个项目。事实上，这种担心未免有些杞人忧天，管理者要学会信任下属，学会放手。至于失误，在所难免，管理者要允许员工犯一些小错。

麦当劳的总裁克罗克是一个思维灵活的人，在麦当劳的管理中，他给予每一位员工发展的空间和自主权，让他们承担相应责任的同时挖掘自己的潜能。对于那些有能力却没有施展机会的员工，麦当劳一直为他们提供宽阔的舞台。安格斯就是一个很好的例子。

克罗克与哈里·桑拿本的性格迥异，哈里·桑拿本是一个冷漠、深沉、内向的人，克罗克则坦诚、可亲、外向，但这并不影响他们交流。当时，哈里·桑拿本提议麦当劳进军房地产领域，但这一举动有很强的冒险性。因为麦当劳主营快餐业，对房地产行业并不了解，但克罗克大胆授权，让哈里·桑拿本放手去做，并不担心哈里·桑拿本可能会失败。

可喜的是，哈里·桑拿本经过努力获得了成功，并使麦当劳成功上市。从克罗克放权哈里·桑拿本可以知道，管理者需要大胆放权，对小团队来说更是如此。让员工拥有自主权，不仅有利于员工施展才能，还能为团队的发展创造更多的可能性。

如何让员工拥有自主权呢？可以参考下面几个方面。

### 1. 大胆授权

管理者应充分给予员工自主权。数据表明，管理者授权员工，即使是微小的权力都会提高其工作积极性。员工都希望在自由的空间中发挥自己的能力，这就要求管理者做好支持和指导的工作，而不是一味地给员工下命令。

### 2. 让员工掌握话语权

如果管理者能够让员工在岗位上有发表意见的权利而不加以干涉，员工就能畅所欲言，进而提出一些对团队发展有益的建议。正所谓群策群力，管理者应该善于听取下属的建议，尤其是一个小团队，更应该让每个人都有说话的权利。

### 3. 提倡平等精神

团队所有成员在工作面前都是平等的，管理者不能因为自己职位高就对员工指手画脚，而是要尊重员工。

总之，作为管理者，要认清自己的角色。管理者的身份如同教练或老师，无论你多么想帮助学员进步，你都不能代替他们，你的工作就是教授，是帮助学员取得成绩。学员输了，你就输了；学员赢了，你就赢了。得失荣辱，皆在你的运筹帷幄之间。

# 别把下命令想得太简单

　　管理者作为团队的带头人，手握决策权和指挥权关乎一个公司或团队的生死。

　　管理者要清楚手中权力的重要性，要明白自己肩负的巨大责任。诚然，管理工作并不简单，如果你把它想得很简单，那你注定是管理不好一个团队的。从制定发展战略，到下命令、做指示，只要一步走错了，就会危及整个项目的成功。所以，无论是决策还是传达，管理者都需要慎之又慎。

　　考量公司的发展，预估市场走向，这是管理者做好决策的关键，在这方面，管理者往往都比较谨慎。然而，工作中涉及最多的还是命令的传达，这是管理工作的重要一环。很多工作上的失误，如做错了工作，某项任务遗漏了重要细节，一项工作拖了很久没有成效，等等，基本上都是由于管理者的指示不明确造成的。

　　那么，管理者应该如何下命令呢，应该注意哪些方面呢？以下几点可以参考：

### 1. 注意信息的准确和翔实

传达命令时，管理者必须确保信息准确无误，而且要十分翔实，不能遗漏任何重要信息。如，必须清楚地告诉下属要干什么，怎样着手此项工作，哪些人可以配合他，完成的期限，等等。如果是非常重要的任务，管理者还要特别叮嘱下属一些注意事项，让下属有紧张感。这样的命令传达才是准确翔实的，下属才能明明白白地开展工作。

### 2. 注意用词

下命令时的用词很关键，如果用词不得当，就容易造成下属理解不到位，进而在执行过程中出现失误。具体来说，就是管理者不能说模棱两可的词，如，"请尽快完成"，"尽快"这个词的意思就比较模糊，什么程度才算"尽快"呢？对于紧急的工作，管理者可以限定完成的时间，如"3 小时后交给我""1 天内交给我"等，以督促下属尽快完成。

### 3. 注意语气

员工的个性、行为都是不同的，管理者要根据不同的指示对象和事情的轻重缓急，采取不同的语气，才能达到比较好的效果。以下是几种常用的语气。

（1）商量。"这项工作客户催得很急，你能辛苦一下，两天内给出一个方案吗？"这种带有商量和请求的语气，容易让员工接受，而且会得到员工的理解，如果无实际困难，员工一般都会竭尽全力去完成。

（2）建议。"这些报表需要立即核算，你看能不能找几个人帮你一起进行，尽快完成交给我。"这种带有建议性的指示，既尊重了下属，又提出了解决方案，员工不会反感，对解决问题很有帮助。

（3）要求。"请立即将材料整理好交给我。"这种直截了当的指示，语气果断，没有商量的余地，需要下属立即执行。这种语气适用于有拖延习惯的员工，以及一些紧急工作。

（4）责备。"你手里的工作已经开展一个星期了，为什么还没有完成？再给你两天时间，必须结束！"这种带有责备性的指示，语气强硬，可以威慑下属，使其紧张起来，快速地完成工作。不过，这种责备性的指示必须有理有据，要确保员工没有遇到特殊情况，而只是因为偷懒、不尽责而致使工作没有完成。

### 4. 不越级管理

管理者不能越级下命令，以免搅乱公司内部的层级关系。越级下达命令，一方面侵犯了下级管理者的权限，另一方面会使员工混乱，对管理工作是极其不利的。

# 没有员工喜欢长篇大论的会议

对团队来讲，会议是必不可少的一项工作内容。会议不是一种形式，每一场会议都应该达到预期效果，主持好一场会议，是管理者的一项基本功。

管理者需要为每一场会议做好准备，包括会议的议题、参会人员、会议的时间、讨论的重点等。有些管理者开会比较随性，结果往往给人混乱的感觉；有些管理者讲起话来喋喋不休，结果使会议时间变得很长。这些都是会议的大忌，管理者要予以重视。

布莱希特是德国著名的戏剧家和诗人，他特别厌烦那种冗长的会议。

一次，布莱希特应邀参加一个作家会议，他原本不想去，结果举办人软磨硬泡，他只能被迫答应。会议当天，布莱希特在规定的时间到达了会场，为了不引人注目，他悄无声息地坐到了最后一排。但是，主持人还是看到了他，并盛情邀他坐到了主席台。

会议开始，主持人开始对所有到会者表示欢迎，贺词讲了很久，根本没有什么有价值的内容，无聊透顶。贺词讲完后，主办人突然高声宣布：

"下面，有请著名的戏剧家布莱希特先生为我们致辞!"

布莱希特起身，走到了演讲台。记者们都准备好了笔和小本子，一脸期待地望着布莱希特。不过，布莱希特令他们大失所望，他并没有高谈阔论，而是直截了当地说了一句：

"我宣布，会议现在开始。"

布莱希特的故事告诉管理者，有时候，需要长话短说，尤其是一些重要会议，应该少说客套话，直奔主题。如果会议所要讨论的议题本来就多，还讲一些没有实际意义的空话、套话，无缘无故地拉长会议时间，那么必然会使听众感到心烦。

小团队需要高效率，不必要的会议应该尽量取消，有重要议题时再召开会议，由此，就能减少时间的浪费，提高工作效率。诚然，现在有很多小团队还没有改掉频繁开会的习惯，三天一小会，五天一大会，事实上，并没有那么多需要讨论的工作内容。而很多员工也时有抱怨，认为会议不仅占用了很多时间，而且所讲的内容也是老生常谈的一些事项，所以一提开会，他们就无精打采。

其实，这里并不是不主张开会，会议对团队建设是有积极作用的。在会议上，团队成员可以各抒己见，可以通过深入地交流与沟通，解决工作中遇到的问题，制订出符合团队发展的任务目标。所以，会议不是不需要，而是要注意，我们不是为了开会而开会，而是为了解决问题而开会。

　　每一场会议，都应该有明确的会议议题，即召开此次会议的目的是什么？在会上需要解决哪些问题？会议需要达到怎样的效果……只有明确了这些问题，才能判断是否有必要召开此次会议。同理，会议结束后，要对会议进行总结，明确此次会议是否解决了上述问题，是否达到了会议的根本目的。如此，才算得上是一场合格的会议。总之，无论是会议前还是会议后，管理者都应该准备到位、总结到位，这也是管理工作的一项内容。

# 不做井底蛙式的管理者

世界每一天都在发生变化，面对这样的时代，管理者如果不知变通，固守陈旧理念，那么无异于一只井底之蛙。井底之蛙的结局只有死亡，这无疑给管理者敲响了警钟。与时俱进，是管理者唯一的出路，否则终将被时代的浪潮淹没。

海尔董事局主席张瑞敏就是一位与时俱进的管理者。

张瑞敏还是工厂里的底层员工时，就明白要想做好手里的工作，必须进行技术创新。于是他晚上在夜校学习机械理论，白天在厂里进行机械技术创新。1984 年 12 月，他出任海尔的前身青岛电冰箱总厂厂长，做的第一件事就是对工厂进行全面整顿和技术革新。当其他企业开始关注技术创新的时候，他又开始把注意力放在产品质量上。1985 年，青岛电冰箱总厂生产的瑞雪牌电冰箱，在一次质量检查时，有 76 台存在质量问题，张瑞敏果断决定，亲自将有缺陷的冰箱全部砸毁。他的做法最终得到了公众对瑞雪牌冰箱质量的肯定。当其他家电企业开始把目光转向质量的时候，他又领先一步制定了多元化发展战略。当其他企业也在拓展市场的时候，他又发现了新的商机——进军国际市场。经过努力，海尔的产品终于成功进入了国际市场。当其他公司开始进入国际市场时，海尔又盯上了互联网。在计算机逐渐进入千家万户时，张瑞敏就说："企业要么触网，要么死亡。"如今，互联网已经渗透到海尔的每个运营环节。当其他企业开始着手加入互联网时，海尔又将视线转回服务领域。海尔对每一位顾客的服务都努力做到极致，无论在线下还是在线上，都为顾客提供周到系统的服务。

纵观海尔的发展之路可以发现，海尔总是先人一步，当别人还在踌躇不前时，它已经登上顶峰。海尔的成功秘诀，就在于其管理者勇于创新的魄力。一个企业要想发展，就要放宽视野，离开自己的舒适圈，大胆去尝试，而不能做井底之蛙，故步自封，不求进取。

管理者如果只想着做井底之蛙，就会让企业的产品、信誉、合作精神等受损，所以管理者要勇于探索，顺应时代发展的潮流，做一个在思想上和行为上走在时代前沿的人，而不是成为一个被时代的洪流裹挟着前进或者被时代抛弃的人。

陈旧的管理方法只能解决过去的问题。然而，社会发展迅猛，管理者也应不断提升自己，用发展的眼光审视自己，用发展的眼光看待和管理一个企业，不断学习，这样才能带领一个企业走向成功，并处于不败之地。

管理方法和策略要随着企业的发展而不断创新，领导者要灵活运用各种方法来解决企业各个发展阶段遇到的问题，而不是固守老一套，对企业的管理和未来要高瞻远瞩，而不是只顾眼前的蝇头小利。对于员工的想法、建议要积极采纳而不是指责和反对；对于企业的竞争要实时调整策略，不能以不变应万变。

总之，一个只想待在井底的青蛙，注定只能成为庸者，而想要跳出井底的青蛙，虽然免不了头破血流，但最终会成为在阳光下欢笑的胜者。何去何从，在于我们自己的选择。

# 团队成员不在于多，而在于精

- ◆ 不用一个多余的人
- ◆ 一个诸葛亮顶过多个臭皮匠
- ◆ 不嫉妒，用比自己强的人
- ◆ 价值观相同，才能与公司同甘共苦
- ◆ 找志同道合的事业合伙人

# 不用一个多余的人

企业用人不在多，而在于精。按照我们的习惯性思维，人多自然产出也高，这有一定的道理，但这并不是绝对的。人多产出高的前提是每个人都能发挥出正常水平，竭尽全力去工作。正因如此，太多人一起工作就存在一个变数，即让人产生偷懒的想法，只要有几个人心存此念，那么产出就不会有太大提升。

所以，管理者在追求人才多多益善的前提下，更要明白合理配置人员的重要性。团队无论大小，都有自身的岗位需求，一个岗位需要几个人，什么人适合什么岗位，这些都需要管理者衡量。

科学合理的人才配置，不仅可以避免出现相互推诿的现象，还能充分调动员工的积极性，使其最大限度地发挥才能，高质量地完成工作。增员还是减员需要按照人员配置的基本需求，要避免有的岗位人员冗杂，有的岗位人才缺失的情况。

总之，作为小团队的管理者，在用人上，要秉持"不用一个多余的人"的原则。那么，具体来看，管理者需要从哪里着手呢?

### 1. 减少项目的参与人员

现今的很多小公司，差不多都是十几个人，有些项目可能工作量重，必须三四个人一起才能完成；但有些项目可能并不需要那么多人，一两个人便足以完成。管理者要掌握合理调配人员的方法，学会科学用人。

### 2. 裁减多余的部门

对小公司来说，根本不需要太多的部门，相较于大公司，小公司员工本来就少，如果设置太多部门，只会造成人员的浪费。因此，裁减不必要的部门，可以大大减轻财政负担，提高工作效率。

### 3. 精简员工

唐太宗李世民是历史上有名的帝王，在用人上，他主张用贤人、能人，强调"官在得人，不在员多"。他曾对臣子们说："任用精明能干的官员，虽然人少，但效率很高；任用只会阿谀奉承而没有真才实学的人，虽然人多，也做不出什么事情。"在治理国家上，李世民大刀阔斧地实行精兵简政，不仅重新划分了几十个县的行政区域，还大大精减了官员。正是这一系列措施，有效提高了行政效率，使唐朝在李世民的治理下越发繁荣昌盛。

可见，精简员工对刚发展起来的公司来说是有裨益的，虽然俗语说"人多力量大"，但作为公司管理者，应该根据公司的实际情况来考量用人需求，包括所需的各类人才、人才的数量，不能盲目招人，否则，很容易出现人员"臃肿"、效率低下的情况。

古人云："一个和尚挑水喝，两个和尚抬水喝，三个和尚没水喝。"员工越多，想法就越杂乱，难免出现相互推诿的现象，所以，人多未必是好事。在团队建设中，管理者要坚持"不用一个多余的人"的原则，让每个人都发挥所能，尽心尽责地完成工作，让公司持续稳定地发展壮大。

# 一个诸葛亮顶过多个臭皮匠

常言道："三个臭皮匠，顶个诸葛亮。"其实，这句话也同样告诉我们：一个诸葛亮顶过多个臭皮匠。对于刚成立的公司，一切都刚刚开始，在招收员工时，是要招聘一个诸葛亮，还是多个臭皮匠呢？蜀汉开国皇帝刘备的做法就是最好的答案，他宁肯三次前往诸葛亮的住处请其出山，也不去随便找一些臭皮匠，而事实证明刘备的选择是正确的。

正如刘备的做法一样，对刚成立的公司来说，建立之初必须要有能为团队发展献策的"诸葛亮"。公司或市场的竞争，说到底就是员工能力的竞争，尤其是对刚开始起步的公司，其员工必须要有足够强的能力。

总之，聘用一个诸葛亮，会比三个臭皮匠强得多。

美团首席执行官王兴曾去 Facebook（脸书）社交网站的运营公司交流工作，他在工作交流期间发现，Facebook（脸书）能够迅速壮大的原因就是拥有足够强大的团队，其高级工程师的能力和一般的工程师有万倍之差。

其实，王兴拥有的技术团队也是一步一步变强大的，他用了几年时间，使得公司由最初的几个人发展成如今强大的团队。王兴在招纳人员时谨遵亚马逊公司的用人原则——新聘用的员工的能力要比现在团队一半的员工的能力都要强。只有如此，团队的水准才会提高，公司才会获得发展。

无独有偶，小米科技创始人雷军对团队的"诸葛亮"也十分注重。

公司成立之初，雷军在寻找"诸葛亮"这件事上就花费了很多的时间，最终，他如愿以偿地找到了几位。这几位工程师技术精湛，能力超群，还有着极其丰富的研究经验，他们有国内顶尖人才，也有海归，都是来自金山、谷歌、微软等优秀团队的精英。有的还担任过管理者，对创业充满热情。

在雷军看来，一个公司聘用不到优秀的员工，是因为没有投入足够的精力。他本人在招贤纳士方面投入了非常多的时间和精力，在员工刚入职时，雷军都会亲自与他们见面交流。

对一个刚组建团队的领导来说，"诸葛亮"是必不可少的"作战武器"，必须认真招纳贤才，必要时，也要三顾茅庐。

小米团队创立初期，雷军在招聘能力出众的技术工程师时也费了一番周折。其中一个工程师就是被雷军三顾茅庐请来的。最初这个工程师并不看好这个刚成立的小公司，但雷军对他的专业技能很是看好，于是大家决定，必须留下这个"诸葛亮"。其实，雷军完全有其他的选择：放弃这个"诸葛亮"，而找几个能力略比他低的工程师。但雷军想法很坚定，他明白，对刚建立的团队来说，一个"诸葛亮"是远远强过几个"臭皮匠"的。为了留下这个人才，团队的成员不断与这位"诸葛亮"沟通，最终对方被打动了，入职了小米公司。

可见，一个足够优秀的"诸葛亮"是值得三顾茅庐的。

# 不嫉妒，用比自己强的人

身为公司领导，要懂得知人善任，尤其对待那些工作能力强的下属，更要善用，不可因为嫉妒之心而对其进行打压。有工作能力的员工往往有主见、有创新意识，遇事不会人云亦云。他们通常有很强的创新能力，可以为团队创造佳绩，带领公司迅速发展。既然要革新，就难免与过去所遵循的制度、方式产生矛盾与碰撞，甚至与你的想法大相径庭。并且，每一次创新都是由实践来检验的，都存在出现问题就可能彻底失败的局面。因此，领导任用能力出色的员工时要允许其犯错，这样才能促进公司发展。

领导要学会欣赏工作能力出色的员工，对待他们要亲切温和，千万不可产生嫉妒心理。如果有嫉妒心理，工作中可能就会有过激的行为和言辞，这对领导自身的形象和声誉都会产生影响。学会欣赏自己的员工，满足其荣誉感，不仅使员工有被重视的感觉，进而积极地发挥出自己的能力，而且领导自身也会受到员工的尊重、信赖和佩服，大家就会齐心协力做好工

作，共同推动公司向前发展。所以，领导应为自己拥有能力出
众的员工而感到开心，因为有能力的人可以做更多工作，而且
可以做一般人做不了的工作，处理一般员工无法处理的难题。

汉高祖刘邦就很懂得欣赏并善用下属。在一次庆功宴上，
他曾对群臣说："夫运筹帷幄之中，决胜千里之外，吾不如子
房；镇国家，抚百姓，给馈饷，不绝粮道，吾不如萧何；连百
万之军，战必胜，攻必取，吾不如韩信。此三者皆人杰也，吾
能用之，此吾所以取天下也。项羽唯有一范增，而不能用，此
其所以为我擒也。"

从以上几句话可以看出，刘邦很清楚自己的能力，明白自
己才能有限，而自己的部下在很多方面都胜过自己。他之所以
能打败不可一世的楚霸王项羽，一统天下，主要就是因为重用
了那些有才干的部下。懂得善用人才，是刘邦作为将帅拥有的
最珍贵的品质。

一统天下是这样，管理公司也是如此。

钢铁大王卡内基的墓碑上刻着这样一句话："这里躺着一
位善用比自己能力更强的人才的人。"这句话点明领导要有善
用人才的能力。每一位领导手下都有能力出色的员工，不然就
会像九斤老太说的那样"一代不如一代"。然而，每位领导对
待能力强的员工的态度都不尽相同，而这种差异对那些出色员

工的职场命运、个人利益甚至公司发展均有着很大的影响。

那么如何管理并任用能力出色的员工呢? 以下是几点建议, 领导可做参考。

### 1. 用

充分发挥出色员工的能力, 交给他们难度较大的任务, 想方设法地提高他们的工作积极性, 让他们出色地完成工作, 使其才能得到发挥和施展, 使他们产生满足感。只有这样, 那些出色的员工才会心甘情愿地为公司出力, 否则, 很可能会跳槽。

### 2. 管

能力出色的人仗着自己有才能, 都会有一点儿才高气傲, 甚至在工作中自作主张, 因此, 领导必须管, 要用制度约束, 也要多与之进行沟通交流。制度约束是为了规范其行为, 沟通是为了更深入地了解员工, 从而避免看人不准、用人不当的事情发生, 影响工作, 对公司造成损失。

### 3. 养

那些能力出色的员工就像鱼, 团队就是养他们的水, 这些"水"包括团队所有员工和领导。因此, 领导不仅要指导有才能的员工在工作上取得成就, 而且要有责任感, 帮助他们改掉缺点, 提升自我。领导还要带领他们一起努力, 使每个人都能紧跟时代步伐，锐意进取，营造齐心协力、积极向上的良好氛围，使团队更加融洽。事实上，只要团队氛围良好，成员团结一心，努力向上，那些有才能的员工就会长久留在团队，这样，领导不仅可以培养出更多出色的员工，还可以为团队吸引其他有才能的人，使团队成为一个聚宝盆。

　　所以，领导要想让员工充分发挥实力，为公司发展添砖加瓦，就要收起自己的嫉妒心理，学会善用人才，使能力出色的员工有施展才能的空间，这样才能促进公司发展。

# 价值观相同，才能与公司同甘共苦

　　不少领导在聘用员工时，最看重的往往是品德和工作能力，但是，即使那个人品行出众、才华惊人，如果价值观与公司不一致，也无法为公司创造收益。

　　每个公司都有自身的企业文化和价值观，对一些公司来说，其价值观就是领导的价值观。倘若领导传统、严谨，那么公司在发展过程中也会非常谨慎，此时就不会聘用那些喜欢折腾、冒险的人才，否则就与公司的价值观冲突；倘若公司追求实干精神，可员工只想做一天和尚撞一天钟，那么，这二者的价值观自然也是冲突的。所以，招聘员工时，领导务必考虑应聘者的价值观、对公司文化的理解等方面，只有员工与公司有相同的价值观，才能推动公司发展。

　　某企业家曾言："我们要让所有的员工都知道，他们来就是要把公司做大，把分公司的办公室从小单元房搬到当地最高级的写字楼。"这句话表明，他追求的价值观是奋斗精神、节约精神、实干精神，拒绝平庸、浪费和幻想。至于为什么会这样说，是因为他发现，有的公司刚成立，员工都还没几个时，就先在繁华地段的写字楼租了好几间办公室。面试时，应聘者看到公司的环境，就会认为这是一家不错的公司，进而想要在这里好好工作，觉得自己一定会有发展。但这样会使应聘者对公司状况的期望值过高，并不利于公司发展。因为刚刚起步的公司，困难一定很多，可应聘者只看到了良好的环境和待遇，并没有预见到辛苦，那么就很难产生与公司并肩作战、同甘共苦的决心。最终，公司的人才会渐渐流失，无法获得进一步发展。

在他看来，员工与公司的价值观不一样是这个公司最不幸的地方。如今的职场中常有这样的现象：有些员工，即使公司为其提供了正规的培训制度和晋升渠道，也展示了公司的未来发展方向，他们依然坚持离职。这让不少领导都极为困惑。其实，这种现象折射出的就是员工与公司价值观不同的问题，员工不认同公司的发展理念，公司也无法吸引员工继续工作。

另外，如果一个公司没有明确的价值观，也很难招收到合适、出色的员工。员工只有与公司有同样的价值观，认同公司的发展理念，才能与公司同甘共苦，甚至会将公司利益放在个人利益前面，如此，公司才能得到发展。

如何才能知道员工是否与公司有相同的价值观呢？其实，

领导完全可以通过应聘者的言行和员工的平时工作表现来判断其是否认同公司的价值理念。这样，在面试阶段就能避免招到与公司发展理念不匹配的员工，同时，可以发现不适合公司发展的员工，避免一些问题的出现。

# 找志同道合的事业合伙人

对一个刚刚起步的小公司来说，最重要的是要有可以共进退的员工，因此，选拔人才时，那些只想做好本职工作的一般员工并不是最合适的，那些有创业精神、有热情、有志向的奋斗者才是其需要的合伙人。

在这方面，小米科技创始人雷军的做法就很值得学习。在公司刚起步时，雷军没有找只想着拿工资的普通员工，而是直接找了合适的合伙人，这也是他能将公司做大、做强的重要原因之一。由此可见，刚成立的小公司最先要找的就是有创业梦想和热情的合伙人，而不是找只想挣死工资的普通员工。

李长青是一家知名科技公司的创始人。他创业之初，在选择合伙人方面非常慎重，也非常不容易。其中一位合伙人是他的大学同学老崔，他们在校园里就曾一起创业过，对彼此非常了解。可这个老崔是出了名的脾气怪异，因此当时很多人都劝李长青不要和他一起共事。但李长青知道，老崔是个有真本事的人，只有技术一流的人才能创造出一流的产品，只有有了一流的产品，公司才能长久地走下去，为此他愿意包容老崔的坏脾气。公司的另一位合伙人是李长青费了很大力气才挖来的。这个人能力出众，但是对李长青创建的这家公司的前景并不看好。为了能拉他入伙，李长青和老崔连续几天轮番拜访他，时间最长的一次，他们整整聊了将尽十个小时。后来，对方终于被他们说服了，同意入伙。而事实证明，李长青非常有眼光，在他们这几个有技术、有热情、有战斗力的合伙人的拼搏下，这家公司真的在行业内杀出了一条血路。

普通员工与那些心怀创业梦想的员工有以下几点不同。

## 1. 工作追求不同

首先，二者对工作有不同的追求。普通员工不需要考虑扩大公司规模、完善公司制度、寻求产品创新等问题，他们的工作只是遵守规章制度，按照公司要求，在自己的岗位上完成领导分配的任务。因此，他们也不会考虑公司未来的发展如何，他们的追求只是做好分内工作，每个月按时拿到自己的工资。

有创业精神的员工则不同，他们充满着探索精神，一心追求在职场上开拓出自己的一片天地，虽然有风险，但他们看中的是其中的机遇。这些人通常具备长远的眼光，会将公司的发展作为工作的第一要事，一直追求更广阔的发展空间。

### 2. 工作目的不同

普通员工的工作目的通常是考虑如何战胜竞争对手，或如何更好地完成本职工作，好得到职位提升或物质奖励。这种职场逻辑，我们在大学时期就懂得了。

但心怀创业梦想的员工的目标是如何发挥自己的价值促进公司发展，如何使自己有更大的提升。他们的竞争对手包括自己，包括其他竞争公司，也包括整个商业市场。他们通过自己的努力去了解市场发展情况，然后根据实际情况为公司做出合适的发展规划。这是一个长期的、极其艰难的过程，需要创业者有足够的能力及多种品质，但这也正是他们思想高度的体现。

### 3. 衡量标准不同

二者对待事情也有不同的衡量标准。一般来说，普通员工以所做工作的价值来衡量自己，为此，甚至去学很多没有什么意义的东西来提升自己的价值。

心怀创业梦想的员工则不同，他们很清楚自己的定位和目标，永远只做那些真正有价值的工作：发现影响自己创造价值、发展公司的问题，再对症下药，逐个解决。

### 4. 能力要求不同

普通员工的工作内容往往比较单一，他们的能力要求是提高本职工作的质量和效率，这种能力会随着工作经验的积累而越来越强。但心怀创业梦想的员工的工作内容恰恰相反，他们的工作充满了不确定性和挑战性，而且错综复杂，因此他们需要的是处理突发事件、规划公司发展的能力。

　　清楚普通员工和心怀创业梦想的员工的不同，是创业公司招纳贤才的前提条件，只有找到志同道合的事业伙伴，团队才会有凝聚力。刚刚成立的公司，必然会遇到很多难题，创始人和合伙人作为团队的核心人物，必须扛起公司大旗，带领大家努力奋斗，攻克难关，走向胜利。

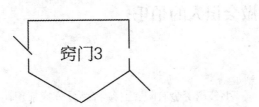

窍门3

# 量体裁衣，将人用到刀刃上

◆ 做会识人的伯乐

◆ 知己知彼，才能有效管理

◆ 不要1+1=2，要1+1>2

◆ 会用人之长，也要会用人之短

# 做会识人的伯乐

　　小公司资金有限，必须将每一分钱都用在刀刃上，用人亦是如此。只有真正有能力的精英，才能帮助小团队壮大，而没有真才实学的人，只会给公司扯后腿。因此，领导要有慧眼识才的能力，挑选出真正能为公司创造价值的人才，为公司发展打好基础。

　　领导要善于观察并发现员工中的潜力股，同时，发现后更要懂得知人善任。有的人是缺少向上的动力，懒得奋斗；有的人是缺少施展才能的舞台，从而被埋没；还有的人是自我定位不准，自己都没发现自己具有特殊的能力。因此，领导要有识别人才的能力，不仅要具有细致入微的观察能力和严谨的分析能力，还要具有一定的魄力和耐心，以及承担用人不当所带来的后果的勇气。

　　那么如何才能正确识别人才呢？领导可参考下面的方法。

## 1. 检验其是否有远大志向

　　英才绝不会甘于平庸，会怀揣远大志向，渴望有一番成就。他们会更加认真地工作，并积极寻求发展的平台。

**2. 检验其是否有威望**

如果在工作中，很多同事都向他请教问题、寻求帮助，那么这个人就是你需要的人才。因为这种现象表明：他有能力处理工作上的问题，并且大家很尊重他的想法和能力。

**3. 检验其是否有领导能力**

真正的人才不止可以管理自己，还可以管理他人，能动员大家完成工作。

**4. 检验其是否具备快速决策的能力**

领导要留意那些思路转变迅速和有说服能力的人。因为能及时做出决策并能使他人认同自己的人，都是有智慧的人，这样的人一定要收为己用。

**5. 检验其是否善于独立解决问题**

真正有能力的人，不会一遇到问题就去寻求领导的帮助，而是自己想办法解决，最终交给领导一个妥善的解决方案。

**6. 检验其是否积极工作**

一个有事业心的员工，会积极地对待每一份工作，将领导布置的任务又快又好地完成，并时刻准备处理其他工作。会深入挖掘信息，积极探索，而不只是完成表面工作，应付了事。

### 7. 检验其是否敢于担责

只有敢于担责的人，才能与公司共进退，才是公司发展不可或缺的人才。

另外，领导选拔人才时还要警惕一些不可重用的人。有时，领导急于寻找人才，就容易用人不当，看到某人某方面能力出众，就不再深入了解，直接委以重任。领导要明白，有些人虽然有一技之长，可也许还有对公司发展有致命影响的弱点，若不了解清楚就直接重用，很可能是给公司埋下了隐患。

总结来看，领导不能重用的有以下几类人。

### 1. 目空一切的人

有些人骄傲自大，对别人的言行、想法都不放在眼里。这种目空一切的人，无论什么样的"人际关系训练法"都无法将其改变。他们看不上别人，总是认为自己比其他人更厉害。这种人在工作中经常自以为是，不服从命令，很可能会与领导产生冲突，影响工作。因此，领导一定要避免重用这类人。

### 2. 权力欲强的人

这类人野心太大，仿佛身上每一个器官都在宣告自己是权力的掌控者，无时无刻不在展示着他的权力。这样的行为不仅会引起团队其他成员的反感，不利于团队建设，而且还可能对领导产生威胁，对工作造成影响。

### 3. 没有远大追求的人

没有远大追求的人喜欢安稳度日，平淡生活。他们有一定的工作能力，对自己分内事会认真负责地完成，对很多公司来说都是值得雇用的员工，但是，这类人并不适合那些创业公司。因为对初创团队而言，这类人缺乏进取心和创业精神，他们追求的只是稳定的生活、工作和收入，无心再去创造和竞争，也不想耗费时间和精力去取得更大的成就，因此，基本上对创业公司发展起不了多大作用。

### 4. 高谈阔论的人

这类人总是不着边际地大发议论，虽然表面看起来很厉害，其实没有真本事，纸上谈兵的赵括就是典型的例子。他虽然熟读兵书，言论看似有理，但缺乏实际经验，等到真正开战时，就算嘴上再厉害，也还是原形毕露。赵括的高谈阔论导致全军覆没，自己也为此付出了代价。因此，一定要防范这种人影响公司发展。

# 知己知彼，才能有效管理

古人云："知己知彼，百战不殆。"作为领导，你对自己的员工到底了解多少呢？我们经常会发现，哪怕是共事多年的同事，也不一定将对方了解得一清二楚。不了解员工而盲目任用，管理工作也难以成功。

我们常说，不想当将军的士兵不是一个好士兵，但对部下不了解的将军，也不是一个合格的将军。在职场上亦是如此。作为领导者，要始终告诉自己：对员工还知之甚少。领导只有一直抱有这种想法并愿意放下架子去全面深入地了解员工，随时留心员工的言行举止、工作情况，才能更好地管理员工。

我们对自己都很难做到百分百地了解，所以，相处多年的人有你不熟悉的地方也实属正常，我们终归是不能完完全全了解一个人的。但是，如果我们能多了解一点儿对方，那么很多事情就变得简单了。很多领导最头疼的事情之一就是无法了解员工。俗话说："士为知己者死。"领导要想达到这种"知"的程度，不用心是绝对不行的。倘若领导能够用心了解员工，使员工有"为知己者死"的奋斗心和忠诚，管理工作怎会做不好？公司又怎会不向前发展呢？

全面深入地了解员工，对刚成立的小公司来说极为重要。每个员工都有自己的特点，有适合他的岗位。作为一名领导，不仅要清楚员工的年龄、学历、工作经验、家庭背景等基本信息，还要尽可能地了解成员的性格特点、长处、短处以及兴趣爱好等方面。

只有充分了解手下的员工，才能扬长避短地安排好工作，形成科学的人员和岗位配置；才能使员工之间配合默契，有条不紊地完成任务；才能最大限度地激发员工的主观能动性，使其发挥全部潜能，将工作做到最好。

反之，不了解员工而随意下达指令，团队工作就会混乱，成员之间无法形成强有力的合力，最终只会被残酷的职场淘汰。

此外，领导培养员工时也要有针对性，要因材施教，即针对下属的个人特点，采取不同的管理方法。了解清楚员工后再有的放矢地进行教导，是管理工作的一项必备技能。

田忌赛马的故事家喻户晓，孙膑通过对上、中、下三个等级的马的合理利用，帮助田忌取得了胜利。可见，不同的策略可能产生完全相反的结果，企业管理也是这个道理。如果管理不当，或没有策略，团队就很难平稳地向前发展。

　　总之，管理要因人而异，更要掌握好管理的度，只有对员工有了充分全面的了解，才能做到以上两点，管理工作才能得心应手。

# 不要 1+1 = 2，要 1+1>2

　　组建团队的目的是什么？根本目的就是要集思广益，整合各种能力，形成最强合力。

　　诚然，一个人无论多么优秀，也绝不可能事事精通。倘若没有其他人的协助，一个人是很难取得事业上的成就的。一个公司要想发展，就要吸纳各类人才，集思广益，扬长补短，用集体的智慧来填补个人的知识空缺，这就是团队存在的最大意义。

　　团队成员各显其能，各尽其才，形成的力量是不可限量的。从数学角度来看，1+1 = 2 是毫无疑问的，但对团队合作来说，不能仅仅满足于 1+1 = 2，要追求 1+1>2 的效果。

　　在一个团队中，每个成员都有自身的智慧和潜力，每个人发挥力量，共同推动团队进步是最基本的要求，也就是达到了 1+1 = 2 的效果。但一个善于谋划的领导，可以有效考量每个人的潜力，进行科学的调配组合，从而形成 1+1>2 的惊人的集体力量。

有一些企业的销售部门，销售人员常常单打独斗，工作业绩的好坏，全凭个人能力，缺乏团队协作。虽然这样也能完成部门的总体目标，但并不能保证部门每个月都能完成任务，而且也很难让部门屡创新高。更糟糕的是，可能还会出现扯后腿的情况，一个或两个成员业绩垫底，那么部门业绩就会被拉低。可见，团队是需要协作的，不能任由成员孤军奋战，只有将每个人的能力结合起来，充分发挥出他们的强项，才能一定意义上避免因为个人的弱项而给团队造成负面影响，也才能真正实现 1+1>2 的效果。

对小团队来说，由于人员有限，所以领导要将每个人都"用到刀刃上"，挖掘每个人的潜能，充分发挥其特长，实现最佳的人员配置。

在一个企业中，每个员工都是独一无二的，没有人是一无是处的，总有不为人知的闪光点，管理者的工作就是发现这些闪光点，并合理利用。根据员工的能力及特点安排岗位，就能提高团队的整体战斗力。

例如，在一个团队中，有的人能说会道，逻辑性强，极具感染力和说服力；有的人不善言辞，但心思缜密细致；有的人思维灵活，擅长分析；有的人富有亲和力，善于协调成员关系……

能说会道的人，适合安排在宣传岗位；不善言辞的人，适合安排在文秘、资料统计等岗位；擅长分析的人，适合安排在策划岗位；协调能力很强的人，适合安排在组长等位置。

当然，员工擅长什么，不擅长什么，适合什么岗位，有时候并不能在短时间内看出来，需要领导耐心观察和考量。具体来看，领导可在试用期内进行测试，或者通过个人资料和工作经验来进行判定。

善于人员调配的领导，都一定了解员工的能力，尤其是员工擅长的领域，能根据个人特点合理地安排任务，实现岗位的量身定做，趋利避害，以此打造出精诚合作、互帮互助的最强团队。

一般来说，一个团队中需要不同的人才，如销售人才、管理人才、财务人才等，各种人才相互协调，通力合作，就能将一个团队或企业发展壮大。许多失败的企业之所以失败，就在于人才单一，在工作中不能互补，进而使企业难以获得长足发展。

汇聚各类英才，并有效实现良好的岗位配置，发挥每个成员的强项，就能轻而易举地实现 $1+1>2$ 的效果。优秀的管理者，都应该将 $1+1>2$ 作为团队建设的目标，让团队发挥出最大力量。

# 会用人之长，也要会用人之短

很多领导都懂得让员工在工作中扬长避短，以此达到最大效益。作为领导，不仅要懂得扬长避短，还要学会用人短处。

国外某家影像产品生产商就很懂得用人之短。这家公司的某项产品在制作时不能有光线，即工人要在完全黑暗的厂房来完成生产，难度很大，所以，生产前他们先要花费大量时间培训工人。

但后来有人了解到，盲人能在这种黑暗的厂房中自由活动，只接受一些基础技术培训就能开始工作，并且公司发现，盲人制作的产品的质量比普通人还要好很多。从此，这家公司招用了很多盲人来做这项工作。

世上没有人是十全十美的，当然，也没有人是一无所长的，每个人都有优缺点。在工作中，领导要正确看待员工的优缺点，不能吹毛求疵，认为员工什么都做不好，否则，员工会失去信心，丧失工作积极性，工作越来越差。长此以往，你身边的员工都不能令你满意，等安排工作或商议决策时，你就不敢放心将工作交给他们，最终会导致完不成任务。

所有领导都赞同用人时看其长处，但不是每个领导都懂得用人短处。对于员工的缺点，很多领导都采取容忍或忽视的态度，却从未想过利用。事实上，没有不好用的员工，只有不会用的管理者，聪明的管理者，能将员工的缺点变优点，而加以利用。

有一家公司在人员任用的问题上就善于用人之短。在进行人员配置时，公司请专家对所有员工的性格、能力等方面进行测评，然后领导根据测评分析结果对员工逐一安排岗位。比如，让爱鸡蛋里挑骨头的人负责产品质量检验，让爱说闲话的人去做销售工作，让斤斤计较的人去做财务工作，让性情急躁的人去抓生产，让性格高调、爱出风头的人去搞市场开发和处理公关问题，等等。

从以上例子可以看出，员工的短处是可以被合理利用的。我们不妨学学上面提到的处理办法，直面员工短处。诚然，员工的短处是公司的隐患，而消除隐患最有效的办法是对其合理利用，如此便可以尽可能地避免一些问题的发生。

　　其实，人的短处和长处有时候是可以互补的，只要合理利用，短处亦可变成长处。所以，领导在工作中不仅要有用人长处的能力，还要学会如何用人短处，让每个员工都能为公司所用，成为公司的栋梁之材。

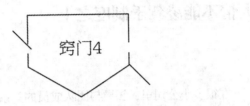

窍门4

# 赏罚分明，给小团队立立规矩

- ◆ 人情不能凌驾于制度之上
- ◆ 只奖不罚，后患无穷
- ◆ 正确奖励才不会适得其反
- ◆ 适当的斥责让员工进步
- ◆ 批评要对事不对人
- ◆ 小错也不能姑息

# 人情不能凌驾于制度之上

在很多小公司里，领导与团队成员的关系就像朋友。这样可以使团队有融洽的工作氛围，员工有想法、建议等也会毫无顾虑地提出，有利于团队工作。凡事有利有弊，与员工打成一片容易损害领导的威信，同时，有的领导会因顾及人情而影响工作，比如，不好意思批评犯错的员工。

因此，一个公司不管规模大小，都必须有严格的制度，无论什么情况，人情都不能凌驾于制度之上。领导在这方面一定要把握好度，既不能高高在上，只展现自己的威严，对员工漠不关心，也不能完全没有规矩，和员工勾肩搭背。

领导对待员工的态度也要刚柔相济，既不能太过强势和严厉，也不能姿态过低，要时刻注意自己的言行。严厉过头了，就适当放下架子；姿态过低，失了威严，就适当严厉起来。软硬兼施、奖罚分明的管理才是一个团队需要的。

领导和员工就是上下级关系，无可非议，如果注入不必要的"水分"，就会影响"办公环境"，管理工作也会遭遇阻碍。

那么，在实施"有情管理"的时代呼声下，领导又该如何掌握好制度和人情的尺度呢？不妨从下面这个例子中吸取一些经验。

韩磊经营着一家小公司，公司成立没几年，有二十多位员工。韩磊为人精明，善于和各类客户打交道，所以公司业务一直很稳定。

在管理上，韩磊非常重视员工，他知道自己公司小，怕"养不了大鱼"，所以经常用各种方式激励员工，让每一位员工都对公司充满信心。在福利待遇上，韩磊也是尽量让大家满意。

后来，韩磊的妹夫董方失业了，韩磊和董方关系非常好，所以就让董方来了自己的公司。董方是有一定工作能力的，工作也积极努力，韩磊很满意。慢慢地，韩磊开始让董方独立接项目。不过，令韩磊失望的是，他发现在最近一个项目上，董方收了客户的钱，在工程材料上以次充好，幸好韩磊及时发现，暂停了项目，否则将对公司信誉造成不可挽回的损失。

事后，韩磊找到董方，生气地说："小方，我自认为对你很好，以为你对公司会有责任感，但你怎么能为了一点儿小钱而出卖公司利益呢？"

董方很愧疚，解释道："我真没有想害公司，也想公司经营得越来越好。只是一时被金钱冲昏了头脑，我因为一些事在外面欠了些钱，又不敢和家里人说，所以想这样弄点儿钱补上窟窿。我保证，以后再也不会这样做了，看在我们的关系上，你就网开一面吧！"

韩磊想了想，说："对不起，妹夫，我必须开除你，因为公司建立之初就制定了明确的规章制度，不许中饱私囊，不许在工程材料上作假，如有违反，立即开除。这你是知道的，所有员工也都知道，你这件事全公司都知道了，我没办法包庇你。如果我这次没有按制度办事，以后公司员工谁还信服我，谁还会遵守制度呢？"

"我这有一些钱，你先拿着，还了欠债。然后，准备好简历，我这些年也合作了很多公司，有一些人脉，帮你推荐一下。你是有能力的，只要切记不要再犯错就行。"

一方面，韩磊没有顾及和董方的亲戚关系，按公司制度开除了董方，并以董方为例，再次和员工重申了公司的规章制度，让员工看到了公司制度的严肃性。另一方面，韩磊虽然开除了董方，但也为他的将来尽了心力，兼顾了人情。

总之，不管团队里有几个人，规章制度都是不可缺少的，领导要严格执行，绝对不能让人情凌驾于制度之上。

# 只奖不罚，后患无穷

　　人们都想要快乐，不想面对痛苦，出于这种本能，各种规章制度上也设有奖励和惩罚两种截然不同的管理方式。奖励是对员工的优异表现进行激励，而惩罚是对员工的不良表现或错误进行约束，领导可在这二者之间充分发挥奖惩制度的作用，以达到管理员工的目的。然而，随着越来越多的公司推行人性化管理，不少领导受其影响，加重了奖励制度的比重，增大了奖励力度，制定了更多的奖励方式，却忽视了对员工的惩罚，甚至在某些公司，惩罚制度已经形同虚设。领导这样忽视惩罚制度，必然给公司埋下了隐患，这就像一颗定时炸弹，早晚会爆炸，给公司带来不可估量的后果。

　　年终时，一家公司的销售业绩并未达到最初制订的目标，领导为了达到任务要求，不但提高销售人员的业绩指标，还发动公司的内勤人员进行销售，要求他们在完成本职工作的基础上，完成一定的销售量。为了激励员工，确保工作顺利进行，这位领导特意制定了奖惩制度，根据每位员工的业务情况分别进行不同程度的奖励或惩罚。最后，该公司总体上完成了目标。具体来看，有些员工超额完成了销售指标，有些员工勉强完成了销售指标，有些员工则没有完成销售指标。

依据任务的完成情况，公司开始论功行赏，对超额完成销售指标的员工，公司给予了丰厚的金钱奖励。虽然这次奖励对公司来说是一笔不小的支出，但领导明白，倘若不兑现自己的承诺，给予员工奖励，必然引起员工的不满，甚至使自己失去威信，所以严格执行了之前制定的奖励制度。不过，对那些业绩不达标的员工，领导觉得他们人数比较少，并且公司的总体业绩也达标了，考虑到现在倡导人性化管理，就没有对其进行惩罚。

这位领导想有人情一些，却使大部分员工寒了心。因为超额完成销售指标的员工得到了奖励很开心，那些业绩不达标却未受惩罚的员工也很开心，但是那些业绩勉强达标的员工就极其愤怒了。他们为了业绩能达标，天天加班加点地工作，到头来不仅没有得到奖励，还和那些没有能力、不求上进的人受到了同等待遇，他们觉得不公和委屈。

这些员工不敢去领导面前抱怨和反抗，心里却暗自决定，如果今后再遇到这样的事，就"学习"那些业绩不达标的同事。这位领导不了解员工的这些想法，也不会意识到，他为了极少数员工而实施的人性化管理，已经让他制定的惩罚制度失去了约束力，也让他自己威信尽失。另外，这件事会在无形中影响员工，似乎在告诉他们：达不到业绩要求没关系，也不会有惩罚。而这种负面作用会在团队里持续很长时间。

其实，上述情况发生的根源是领导没有认清奖惩制度的根本。有的领导认为奖励和惩罚是完全对立的，案例中的领导就是如此，他认为，奖励其他员工，对那些业绩不达标的员工就是惩罚。可事实上，与奖励对立的是不奖励，并非惩罚；同理，与惩罚对立的是不惩罚，并非奖励。奖惩制度正确的层级应该是：奖励、不奖励、不惩罚、惩罚。也就是说，这几点都是相对而言的，惩罚除了我们看到的实实在在的惩罚，还包括隐性惩罚，即该奖励时不奖励；同样，隐性奖励指的是该惩罚时不惩罚。很多领导都只能注意到显性的奖励和惩罚，忽视隐性的奖励和惩罚。上述情况中的领导就是在无意识下"奖励"了未完成任务的员工，导致其他员工产生不满。

在管理实践中，为了激励员工，奖励的力度确实比惩罚的力度要大一些，这也合乎情理，无可非议。但是，这并不是领导忽视惩罚甚至让惩罚制度形同虚设的理由。奖励和惩罚不是对立的，实行奖惩制度时也并不矛盾，这二者是相辅相成的。领导必须树立正确的奖惩观念，制定完善的奖惩制度，正确处理奖惩问题，做到赏罚分明，这是管理工作必不可少的一项内容。

# 正确奖励才不会适得其反

　　某些领导并不把奖励员工当回事，在他们看来，这是很容易的事情，是他们经常做的工作。可就是这样经常做的、极其容易的工作，不少领导还总是做不好：大肆宣扬追求实效精神，却把奖励给了那些虽然工作不突出但"会做事、会说话"的人；一直教育员工要对公司忠诚，却对那些随时准备跳槽并以此威胁公司的人支付高薪；平时一直强调创新，鼓励大家踊跃发表意见，可有员工提出自己的想法和建议后，收到的却是批评甚至惩罚；整天大声疾呼"要懂得节俭"，却给那些爱搞形式主义、无节制地浪费公司资源的人奖励……

　　奖励是最简单有效的激励方式，但它需要讲究方式方法，也需要根据实际情况判断。倘若领导的评判标准不合理，考核员工时不客观、不公正、不科学，对某些表现良好的员工不奖励，对某些犯错、违反制度的员工不惩罚，就会失去威信，得不到员工的信任和尊重，员工也会丧失积极性，工作效率大打折扣，团队内部死气沉沉。因此，领导奖励员工时，要有合理的参考标准及原因说明，这样才会起到激励作用，否则，结果只会与奖励的初衷背道而驰。

一个渔夫发现一条嘴里衔着一只青蛙的蛇在自己的船边，青蛙垂死挣扎，渔夫看到后很同情它，就把它救出来了。可是接着，渔夫又可怜起了那条蛇，想给它点儿食物。由于自己身上只有酒，渔夫就往蛇的嘴里滴了几滴酒，之后，蛇开心地爬走了。渔夫看到青蛙和蛇都得到了满足，觉得这是最完美的结果，他自己也为帮助了它们而感到开心。

可是没过几分钟，渔夫就听到自己的船板发出了被什么东西叩击的声音，他随着声音的方向看过去，大吃一惊，因为叩击船板的正是刚才那条蛇。更令渔夫诧异的是，那条蛇口中还有两只青蛙，蛇的意图很明显——向渔夫讨要奖励。

这个故事表明，我们对一种行为进行奖励，这种行为就会越来越多。渔夫对捕捉青蛙的蛇施舍了几滴酒，这让蛇误以为捕捉青蛙就有酒喝。

试想一下，倘若渔夫只把青蛙救走，而不给蛇那几滴酒，这条蛇还会再回来吗？

其实，我们每个人做事情考虑的都是自己的利益，在公司管理上，这一理论同样适用。也就是说，要让一个人心甘情愿地去做某事，必须让他有利可图，领导管理员工时也是如此。

领导平时的加油打气、口头的表扬或者"画的大饼"必然会在一定时间内激励到员工，但说到底，大多数人工作就是为了挣钱，那些精神激励起作用的前提是要有物质基础。倘若一个公司不能保证员工的基本生活需求，也没有奖励机制，那么即使这个公司的企业文化再精彩，目标再远大，精神激励再鼓舞人心，也很难留住员工。

因此，团队领导首先要做的工作就是了解员工的需求和内心想法，把员工的需求、个人利益和公司的目标相结合，制定合理的奖励制度，以此来激励员工向共同目标努力。

有一家销售公司为了提升业绩，特意针对销售人员建立了一个奖励机制：如果一个月手机电话费没超过 300 元就不予报销；如果一个月多于 300 元，公司不仅全部报销，还会对其进行奖励。领导以为建立了这样的奖励机制，销售人员与顾客的联系就会增多，业绩就会提高，然而事实并不尽如人意：销售人员为了达到奖励要求，长时间打私人电话，根本没有拓展客户，所以，一段时间下来，销售业绩并没有显著的提升。结果，这个奖励机制不仅没有达到目的，反而给公司造成了不小的资金负担。可见，奖励的前提是奖励制度正确，否则会适得其反。

总结来看，要想充分发挥奖励制度的激励作用，以下几点需要注意。

### 1. 物质奖励、精神激励双管齐下

对员工的奖励，单靠"金钱万能"的套路是无法取得预期效果的，只有精神激励也走不长远，应将二者结合起来，双管齐下，这样才能达到激励员工的目的。

### 2. 及时兑现承诺

"言必信，行必果"，对该奖励的员工，领导要及时奖励，这样一方面提高了自己的威信，另一方面能最大限度地发挥激励作用，提高奖励在员工心中的地位，加强员工对奖励的重视程度。

### 3. 奖励要因人而异

在进行奖励时，领导可根据员工的需求设置对应的奖励，这样能充分满足受奖励的员工的需要，使激励作用发挥到最大。

### 4. 设立群体奖

如果管理者在员工的日常奖励中，在个人奖励的基础上适当设立群体奖，在一定程度上可以有效减少员工之间的争夺状态，增强他们的合作状态，逐渐引导员工形成合作意识和团队精神。

设立群体奖的原则应该注意两个方面：其一，报酬应能反

映团队成员的多种技能掌握程度；其二，按生产成果支付报酬，或实行团队奖金或分红制度，团队成员间收入差别不宜太大。总之，管理者要记住，给予员工物质奖励是企业管理不可或缺的一环，恰当的物质奖励，可以让员工没有后顾之忧，以更饱满的热情投入工作，为公司的建设竭尽心力。

# 适当的斥责让员工进步

在企业管理中，很多人宣扬人性化管理，认为领导应该随和、平易近人，这样员工才会支持和爱戴他们。尤其是当下属在工作中出现失误时，要耐心指导而不要责骂。但一味地柔和未必对管理员工有好处。这就如同教育孩子要宽严相济，一味纵容只会影响孩子成长，甚至导致他走入歧途。因此，在管理员工时，领导可以适当地斥责员工，鞭策其进步。

吉诺·鲍洛奇是美国商界的一位传奇人物，面对员工的错误，他总会严厉地斥责。有一次，他去一个马上要投入使用的工厂视察。这时离工厂投入使用还有两个星期，工期如果延误，将会给公司带来无法弥补的损失。然而来到工厂后，鲍洛奇大失所望，因为这项任务十分紧急，所以他特意选了一些能力出众的员工来负责。但他看到员工一个个都是狼狈不堪的样子——满脸疲惫，毫无斗志，工厂连大门都未安装，其他的基础设施也不完善。鲍洛奇顿时怒从心头起，厉声斥骂："你们一个个有气无力的，是工作的样子吗？要是都像你们这样干活，公司就倒闭了!"

鲍洛奇骂完之后，头也不回地离开了。挨骂的员工都愣在原地，感到十分羞愧，他们感到自尊心受到了打击，于是加倍努力，夜以继日地赶工，最终按期完成了工作，挽回了自尊。

鲍洛奇斥责下属是因为他们做事态度不端正，任务没有取得实质性进展，是为了督促员工努力工作，是出于对公司事务的关心、对工作的负责。因此，员工能原谅他、理解他，所以在被斥责后，可以努力进取，奋发图强。

虽然适当的斥责可以让员工进步，但要明白，这种方式并不适用于所有员工。在经营公司时，管理者应根据员工的特性来区别对待，不然会适得其反。具体来看，管理者应该注意下面几点。

## 1. 适当泼冷水

有些员工每天上班都是精神饱满、轻松自在的状态，但工作上安于一隅，几乎没有什么出色的工作成绩。对于这种人，领导就应该给他泼泼冷水，适当地指责，并且给他布置一些重要或难度较大的任务。交代工作时跟他说："这个事情只能你来办了，虽然我清楚你平时工作不是很出色，但我还是希望你能尽心尽力地把它做好……"听完这些话，那个员工心里必然不舒服，或者特别不服气，为了争口气，挽回自尊，他会将气愤化为动力，努力将工作做好。

### 2. 委婉批评

有些员工虽然很有工作能力，但总是不自信甚至很容易自卑，时常担心自己能力不行，做不好工作，这时领导若斥责他、狠狠打击他，会让他更加怀疑自己的能力。因此，对待这样的下属，不可以一味地责骂，批评时应该注意说话方式，委婉地指出其问题所在。

### 3. 不要怒斥

有些员工性格比较敏感，承受能力较低，却有很强的自尊心，倘若领导劈头盖脸地对其一顿臭骂，他很可能觉得自己没有脸面工作了，冲动之下就会选择辞职，或者一蹶不振，造成这种局面可就得不偿失了。

斥责的目的是让员工意识到自己的问题并及时改正，并非不尊重员工，伤害其自尊和人格。因此，领导在责备员工时要特别注意自己的心态，明确真正的目的是什么。要让下属明白你的用心，如果下属误解了你的意图，只觉得你在刻意找他麻烦，那就与我们的初衷背道而驰了。

# 批评要对事不对人

俗话说："金无足赤，人无完人。"无论是在生活中还是工作中，每个人都会或多或少地犯错，犯错并不可怕，只要能自查自省，就不应该一直揪着不放。所以，作为管理者，在面对员工的错误时，应该注意批评的方式，要坚持一个原则，即"对事不对人"。

十多年前，一家网络公司迅速发展了起来，这家网络公司不仅要面对流量用户，还要为其他网站提供服务。所以，当时的网站负责人压力很大，眼睛无时无刻不在盯着服务器，生怕出现问题。

恰好此时，销售部的员工又联系到了新的业务，一个新的门户网站希望使用网站的搜索引擎。网站负责人遇到了难题，因为以当时的服务器运行速度来看，如果接下此业务，服务器很可能会崩溃。但考虑到公司刚刚起步，需要业务，最终冒着风险选择了合作。不出所料，服务器变得十分不稳定，最后不得不紧急下线。

　　出了这样的事情，网站负责人自然难辞其咎。他很清楚，对公司来说，这是一次重大的失误，不仅造成了公司巨大的经济损失，还严重影响了公司的声誉。他猜想，董事长肯定雷霆震怒，会严厉批评他并开除他。让他没有想到的是，董事长并没有大发雷霆，在召开的紧急会议上，他平静地对网站负责人说道："你要清楚，你的工作职责是保证公司服务器的稳定，无论什么情况下，你都要首要考虑这个问题，所以此次事情你是要负责的，希望你能反省一下。"

　　接着，董事长面向会场说道："现在的首要任务，是拿出解决办法，大家都有什么建议，赶快说出来讨论一下。"

　　网站负责人马上提出了自己的建议，其实他从问题发生后就一直在想解决办法，希望能弥补过错。大家听了之后，都觉得他的解决方案可行，于是就具体细节又讨论了一番，最终确定了下来。

　　事情虽然解决了，但网站负责人心里一直觉得抱歉，他不知道董事长是不是真心原谅了他。有一天，董事长突然主动跟他打招呼，就像没发生任何事一样，还和蔼地对他说："事情都解决了，别皱着眉头了，你的能力我是知道的，一次失误代表不了什么，好好干吧！"

　　看到董事长一脸诚恳，网站负责人心里的大石头也落了下来。就这样，网站负责人又恢复了以往的工作热情。

有时候，面对员工的错误，管理者可能会忍不住气得发火，但要明白，发火并不能解决问题。对于犯错的员工，适当的批评是必要的，但一定要把握好批评的尺度，要"对事不对人"，这样才不会伤害员工的感情，而且有利于解决问题。

那么，上级应该怎样做到对事不对人呢？

### 1. 分清行为问题和自身问题

批评员工，应该只批评员工的某种行为，而不应该指责员工的人格。比如，一个员工经常无故迟到，可以批评他的行为违反了公司的规章制度，会对公司其他员工造成不好的影响，但不能攻击员工的人格，说他没有责任心、道德缺失等。

### 2. 就事论事，不翻旧账

有的管理者在批评员工某个错误时喜欢翻旧账，其实这样做会严重伤到员工的自尊心。管理者要明白，没有任何一个员工是想要犯错的，面对错误，每个人都会感到内疚。而管理者翻旧账的行为，就等同于在揭员工的伤疤，这种行为是十分不妥的。所以，批评一定要就事论事，不要牵扯其他事。

# 小错也不能姑息

　　有的领导对员工的一些小问题会采取忽视的态度，这是不可取的。在企业管理中，再小的错误也不能放任不管。心理学家菲利普·津巴多曾做了一项有趣的试验：

　　他找来两辆相同的汽车，把其中一辆停在相对整洁的中产阶级社区，而将另一辆停在一个相对杂乱的街区，然后把车的车牌摘掉，顶棚打开。结果第一天，第二辆车就被人拆卸了，最后还被偷走了；而第一辆车，整整一个星期都没有人对它"下手"。后来，津巴多敲碎了第一辆汽车的一块玻璃，结果当天这辆车就被偷走了。

　　政治学家威尔逊和犯罪学家凯林受益于这项试验，并以此为基础提出了"破窗效应"理论，其观点为：如果有人打坏一栋建筑上的一块玻璃，没有及时修复，别人就可能受到某些暗示性的纵容，打碎更多的玻璃。久而久之，这些窗户就给人造成一种无序的感觉。在这种麻木不仁的氛围中，犯罪就会滋生、蔓延。

其实，破窗理论在我们周围随处可见：如果一面干净的墙上有了一些涂鸦，那么它上面就会有越来越多的涂鸦；一间房子的一个窗户破了且未对其进行修补，慢慢地，这间房子的其他窗户也会被人打破；如果一个地方很干净，没有任何垃圾，那大家都不会把这里弄脏，可是当地上出现了垃圾，大家就会明目张胆地随地乱扔，并认为这是理所当然的，于是地上的垃圾越来越多。

破窗理论同样适用于企业管理。领导如果没有惩罚那些违反规章制度的员工，就会误导其他员工，无形中助长了犯错的行为，接着会有越来越多的员工违反制度。例如，有的员工在工作时，随意浪费公司物品，领导对此置若罔闻，久而久之，大家纷纷效仿，浪费就会形成习惯，最终必然给公司造成更大的损失。

上述均是破窗理论的体现，它告诫领导者：绝对不能对员工出现的小问题放任不管，出现某种恶性行为时就要及时处理，以杜绝此类现象的发生。

有的领导并不认同这种观点，他们觉得，是否处罚要根据具体事件而定，原则性错误或违反规定等问题肯定不能放任不管，但那些无关大局的小问题也要兴师动众地处理，未免有点小题大做。领导万万不可有这种想法，否则早晚会在小错误上吃亏。

　　拿一个最简单的例子来说：某个工厂规定"员工上班必须9点准时打卡，不允许迟到"，然而有一次，某位员工上班迟到了，他以为肯定会受到处罚，可并没有被批评，也没有被罚款，于是，这样的事情在无形中成了领导的纵容和默许。不仅这位员工认为偶尔迟到也可以，其他员工也会产生这样的想法："他那次迟到就没事，以后我也不用准时了。"慢慢地，越来越多的人开始迟到，"员工上班不许迟到"的规定已经形同虚设。

　　如果一件小事得不到制止，就会不断出现相同行为，进而产生"从众效应"：错误行为泛滥。大家都开始漠视规章制度，最终导致公司混乱不堪。

　　之所以会出现上述现象，是因为大家都有从众与侥幸心理。虽然每个人心理素质各不相同，但大多数个体一旦看到群体的活动后，便会不自觉地想跟随多数人，觉得他们的行为活动、想法是正确的，或大多数人有更全面、可靠的信息，还会产生即使出现问题也不只是我一个人的心理，从而使越来越多的人违反制度。

　　俗话说："千里之堤，溃于蚁穴。"哪怕极小的问题也会酿成大祸。尤其在当今这个互联网时代，信息技术高速发展，任何一个小问题都有被无限放大的可能。公司内部一旦出现"破窗"的小问题，就会以迅雷不及掩耳之势在网络上广泛传播，公司还没来得及反应，事件可能已经发酵到不可收拾的地步了。

因此，领导对任何一个小错误都不能放任不管，即使不能未雨绸缪，也要防微杜渐，一旦出现第一个"破窗者"，就要根据规章制度及时给予严肃处理，以防止出现更多的"破窗者"。另外，不放任小问题可以让员工产生紧迫感，对制度不再漠视，进而形成有制度可依、有规定可循的井然有序的团队氛围。

窍门5

# 锁住军心，稳住"颤抖"的小团队

- ◆ 用利益留住人才
- ◆ 完美御心，让公司成为第二个家
- ◆ 舍"亲"用"贤"，别寒人心
- ◆ 分享赢得人心
- ◆ 成功秘诀：对员工关怀备至

# 用利益留住人才

招聘员工看似简单，但要将其留住并不容易。很多领导为人才流失的问题伤透了脑筋，却还是束手无策。其实，有一个最简单有效的方法——用利益留住人才。工作的主要目的就是挣钱，因此，领导只有对症下药才能防止人才流失。

一个合格的领导，必须擅长利用金钱福利来留住人才。有的人可能会质疑，每个员工来工作都只是为了钱吗？未必，可挣钱是首要选择，是基础。尤其是那些刚毕业的学生或家里经济状况不好的员工，于他们而言，工作就是为了赚钱，这是不争的事实。并且，员工来公司不是为了做慈善，他们每天在岗位上兢兢业业，为工作付出巨大的心血，最后却得不到属于自己的果实，他们又怎会继续留在公司呢？

联想集团成立不过 30 多年，如今却已经成为行业巨头。短时间内取得如此成就，与集团创始人柳传志的艰苦经营密不可分，但更值得一提的是柳传志制定的独特的薪酬制度。他利用该制度招收了大量出色的员工，并一直吸引着他们在公司工作。

专家倪光南是联想集团成立之初聘请的人才之一，他的加盟是成功研发"联想汉卡"和"联想微机"的一个必不可少的条件。不过，后来倪光南离开了联想集团，这件事情使柳传志意识到，公司需要招收更多的人才，并要想方设法将这些人才留住，这样公司才会有稳定的发展根基。

不久，为了更好地建设公司，柳传志去了香港。在那里，一位商人朋友和他一起建立了适合公司发展的公司制度体系，其中的重点部分便是工资福利制度。这项制度的主要内容是：每季度业绩获得前 10 名的员工，公司给予 10% 的薪金奖励；每季度业绩获得前 20 名的员工，公司给予 5% 的薪金奖励；每季度业绩获得前 30 名的员工，公司给予 3% 的薪金奖励。之后，公司的几位领导又进一步完善了这项制度。这些举措的成功推行，让联想集团开始迅猛发展。

虽然现在联想已经变革了这项制度，但不可否认的是，联想集团之所以能进入发展的快车道，正是得益于这项薪资制度的实施。

著名企业家田家炳说："我不是一个聪明的人，我对我的员工只有一个简单的办法：一是给他们相当满意的薪金分红，二是你要想到他将来要有能力养育他的儿女。所以我们的员工到退休的前一天还在为公司工作，他们会设身处地为公司着想，因为公司真心为我们的员工着想。"

薪酬福利好比公司与员工之间的纽带，薪酬制度完善，这条纽带就牢固、可靠，人才就与公司紧密相连，愿意为公司付出心血。相反，没有合理的薪酬福利，纽带就容易断裂，公司很难留住人才。

那么，如何才能制定出合理的薪酬制度，防止人才流失呢？首先，在制定薪酬制度时，领导必须遵守两点要义：一是公司标准不要比市场平均标准低，必要的话，还要比均薪略高；二是对员工薪酬不能一刀切，也不能固定不变，而是要将薪酬与业绩紧密联系起来，制定绩效浮动的薪酬制度，这样可以提高员工的积极性。

当然，除了上面两点基本要求，领导在制定薪酬标准时，还要考虑公司运营情况、员工的期望等相关因素。

有的领导认为谈钱太俗气，然而，利益通常是最简单有效的方法，很多时候，加薪比升职承诺、精神激励更管用。如今，随着时代的发展，公司的竞争从根本上讲就是人才的竞争，也就是说，人才储备量是影响公司核心竞争力的关键因素。因此，通过制定合理的薪酬制度来吸引人才，留住人才，是当今领导必修的课程。

如今,市场的薪酬结构已经由固定工资演变为底薪+业绩奖金。虽然每个公司具体的薪酬体系都不尽相同,但大多数薪酬制度都是由底薪、绩效工资、业绩奖励和福利待遇这几个层级构成。要想留住人才,领导必须建立公平合理的薪酬制度,完善福利待遇,注重实效,使薪酬体系对员工既有吸引力,又具挑战性,如此一来,就能利用合适的利益留住优秀的人才。

# 完美御心，让公司成为第二个家

感情是抓住员工的心的制胜法宝。聪明的管理者，都懂得御心之术。其实，员工的需求都大致相同，无非是希望工作环境舒适，受到领导的关心和重视。倘若管理者能够站在员工的角度思考问题，事事为员工考虑周全，那么就能抓住员工的心，让员工将公司当成家。

在御心方面，比尔·盖茨和山田耕夫的做法很值得借鉴。

## 1. 比尔·盖茨为员工设立单间

微软公司为每位员工提供了独立的办公室，在办公室里不但可以工作，还可以调整灯光，聆听音乐，可以在墙壁上随意贴自己喜欢的海报，或在桌上放置自己喜欢的东西，让小小的办公室成为自己的私人空间。

在微软不需要穿西服，员工可以任意穿他们自认为最舒适的服装上班，汗衫或短裤都是被允许的。员工的穿着好坏并不影响员工的业绩评估。

公司为员工提供咖啡、牛奶、矿泉水、汽水和果汁等免费饮料，让员工不会因为口渴而影响工作。

公司的材料室是开放的，员工可以随时随地去取材料，包括各种办公用品，不需要走流程或填表格，公司给予员工足够的信任。

微软没有设定工作时间表，而是让员工自己选择工作时间，结果大多数人为了完成工作，都心甘情愿地选择加班。微软看的是工作的结果，而不是在工作时间上做限定。微软提供的办公环境让员工感觉自由自在、被尊重和受到信任，因此他们都能专心工作，提高效率。

这是在比尔·盖茨的亲情化管理思想的引导下进行的。比尔·盖茨之所以能这样管理公司，源于一次偶然。一天，比尔·盖茨偶然间听到公司员工的谈话，只听其中的一位员工说："如果现在我能有一杯咖啡，那么我相信我的效率会提高很多。"另一位员工说："假如公司允许我穿舒适的背心上班，我肯定能更出色地完成工作。"一次简短的对话，让比尔·盖茨认真地思考了一个晚上。于是，从第二天起，微软公司提出新的员工手册，并且为每位员工提供独立的办公室。这是比尔·盖茨深思熟虑后的明智抉择，从此员工把微软当成自己的第二个家。

在计算机软件领域，微软独占鳌头。像其他优秀的公司一样，微软有自己独到的经营之道。它坚持雇用顶尖的人员做事，以公司的前途做赌注，鼓励员工不被挫折打倒，并勇于挑战。从中，我们可以明白一些道理：一个企业成功的前提是：要从选用最适合的人才开始，然后要提供良好的工作环境，建立良好的组织结构，让每位员工都能感受到公司的价值和信念，增强自信心，充分发挥和施展自己的才能，并保持高昂斗志，发扬团队精神。

### 2. 山田耕夫的御心术

因为经营不善，著名的得克萨斯州电视机厂濒临破产，老板请来山田耕夫担任公司总经理。山田耕夫不像其他人，在上任伊始就展现自己的权威，而是用"三把温火"让他与员工的感情得到提升。

第一，他把员工集合在一块，一起喝饮料，交流思想，还赠送给每人一台半导体收音机。当气氛融洽时，山田耕夫说："你们看，这么脏的环境怎么搞生产？"于是大家自发地把垃圾清理出去，把工厂打扫得干干净净。

第二，拜访工会负责人。当时企业资方与工会严重对立，山田耕夫却主动登门拜访工会负责人，希望能得到关照。此举消除了员工的防备心，员工与山田耕夫在情感上亲近了许多。

第三，返聘老工人。"三把温火"达到了收买人心的效果，员工对公司日益忠诚，拼命地工作，不久，工厂运营状况得到了好转。

山田耕夫的成功在于通过"三把温火"使领导与员工之间的感情得以升温，温暖员工的心，加强了员工对企业的忠诚度和对领导的信任；消除了领导与员工的距离感。众志成城，没有什么事是办不成的。只有赢得员工对企业的信心、决心，才能实实在在地落实领导的命令，实现公司的终极目标。

"三把温火"既不是乞求也不是示好，而是一种企业管理艺术，是达到无为而治的有效手段。

# 舍"亲"用"贤",别寒人心

领导聘用员工,要看重其能力,绝对不能舍弃贤才,任人唯亲,尤其是小公司,领导更要任人唯贤,切忌因为自己的私利导致用人不当,使公司寸步难行。

作为管理者,如果在人员任用上总是以"亲"为标准,其他员工必然会产生不满情绪,丧失工作积极性,同时,被任用人员的能力很可能与职位不匹配,进而影响公司的发展。

对小公司来说,获得发展的前提就是领导要明白任人唯贤的道理,并在管理中将这一点贯彻到底。那么如何才能做到任人唯贤呢?下面是三点基本要求。

## 1. 唯才是用

所谓任人唯亲,指的就是不问人的能力、德行,只选取与自己有亲密关系的人。它包括两种表现形式:

(1)以自我作为衡量标尺。

只有认同"我"、拥戴"我"、唯"我"是瞻的人,才是可以任用的对象。"顺我者存,附我者升",把公司变成自己的风水宝地，把自己变成众人吹捧的"王"。

（2）以私交关系作为衡量标准。只任用或永远优先考虑自己的朋友和亲戚，而不管其能力如何。

任人唯亲很可能产生无法估量的后果，主要有以下几种情况：①此人工作懒散，经常迟到早退，甚至无故旷工。如果出现上述情况，领导碍于面子不好进行批评，可这样，就会让其他员工寒心，产生不满情绪；②二人关系受影响，小公司的发展本来就举步维艰，会面临各种各样的困难，而一旦无法及时支付工资，就会遭到亲戚或朋友的埋怨，使二人的关系变得不愉快，甚至出现隔阂，得不偿失；③过多照顾对方，不自觉地给其特权，令其他员工心寒，长此以往，其他员工可能会对领导彻底失望而离职；④能力与职位不匹配，严重影响工作甚至阻碍公司发展。

也有人赞同任人唯亲，他们认为双方更熟悉和信任。可是，这并不是任用员工的必要条件，因为随着任职时间的变长，领导与其他员工也会渐渐熟悉起来，同样能建立信任。综合考虑，领导还是应唯才是用。

唯才是用要求领导有宽广的胸怀，刘永好——新希望集团董事长，在人员任用方面就有独到的见解，在他看来，虽然公司是自己的，但其事业是社会的。所以，他任用的办公室人员都是有才能的外人，而非亲人。他给员工提供充足的发展空间，激励他们努力工作，发展队伍。

### 2. 无私用人

放下私利、无私用人是选取贤才的前提条件，正如孔子所言："君子之于天下也，无适也，无莫也，义之与比。"这句话简明扼要地指出，领导在选聘人才时，应不分亲疏，不在乎个人得失，只以义为目标，考虑社会、大众的利益，任人唯贤。通俗一点儿讲，就是领导应无私用人，即使遇到比自己能力强、品德贤的人，也不能因嫉妒而不任用，而是要从全局考虑，对其加以举荐或任用，甚至使他的地位高于自己。

总之，无私用人，就是要领导面对有才能的人，不计个人得失，客观起用，即使不喜欢对方或有过矛盾，也要放下个人恩怨，不因私误公。

### 3. 禁止裙带关系

领导在经营公司时，要公正无私，将私交与公事分开。虽然有的小公司就是依靠亲朋好友的关系成立的，但如果在经营过程中，领导还以裙带关系作为人员任用的标准，公司就无法持续发展。

有的领导虽然也不想有裙带关系，但任用员工时不自觉地就任人唯亲，因为他们最先考虑的是自己的私欲、私情，因此也就不能公正客观。长此以往，贤才会流失殆尽，公司也将岌岌可危。

总之，一个合格的领导应该唯才是用，如此才能吸引更多的人才来共同经营公司，将公司一步步壮大。

# 分享赢得人心

人有名利心，这是不可否认的事实，领导者也是凡人，他们对名利也是心向往之，也是无可厚非的。在追求名利的过程中，关键是要把握适当的度，不能将下属的业绩、功劳据为己有。

领导者掌握着权力按钮，稍微一动，就能将不属于自己的功劳加在自己身上。假如，你领导一个研究所，研究所成员共同努力，取得了一项了不得的研究成果。你完全可以这样四处宣扬："研究所在我的带领和指导下，经过多年奋斗取得了显赫的成果。"由此一来，这功劳自然皆是你的。

这种情况非常普遍，每当团队有一定成绩时，一些领导者就会不知不觉地把团队成员撇在一边，似乎成绩就是他一个人做出来的，跟团队成员一点儿关系也没有。结果就造成了领导者与团队成员一起做出来的成绩，功劳却被领导者一人独占的结果。

领导者霸占团队成员功劳的行为是最令人痛恨的，这种行为将团队成员的努力全部抹杀，否定了他们付出的时间、精力和心血，会造成难以预测的可怕后果。而且，这种影响是双向的，对员工有影响，对领导更有影响。具体来看，主要表现为以下两方面。

### 1. 使领导者的个人威信大减

了解真相的人必然会对身为领导的你嗤之以鼻，将你看作利欲熏心之人，你的君子风度将荡然无存，更甚者，还会说你是窃贼、骗子、掠夺者。众所周知，领导者的形象至关重要，如果个人品质遭到质疑，那么威信也就一落千丈了。

### 2. 降低下属的积极性

功劳被抢占，势必对员工造成很大的打击，这种打击会直接影响到他们的积极性。纵然员工表面不会表现出来，但在实际工作中肯定会消极懈怠，因为他们心中没有了"为自己工作"的价值观和荣誉感。

不可否认，把自己部门的工作业绩完全归功于自己，是领导者极容易犯的错误。任何工作，绝对不是只靠一个人就可以完成的，即便是一些微不足道的协助，领导也应该表现出由衷的感激之情，绝不可抹杀员工的努力。

其实，团队成员是十分注重领导态度的，团队犯错之时，获取骄人成绩之时，领导者怎么表现，员工都看在眼里，记在心里。领导者最难做到的就是有功劳时，向团队成员让功，或公开表扬他们的付出。领导者若有这样的涵养，那么员工自会感恩图报，甘做马前卒，为你披荆斩棘，开疆拓土。

汉朝的张汤出身卑微，却能登上御史大夫的宝座，皆归功于他的大将之风。每当有政事呈上，武帝不满而进行指责时，张汤便马上谢罪，说："圣上说得极是，我的属下也提出过此意见，我却并未采纳，一切都是我的错。"反之，若是武帝夸奖他时，他则把功劳让给下属，大肆夸奖下属。正因如此，张汤得到了下属的拥戴。

当你有机会加官晋爵时，如果能将功劳与部下分享，可以想象，你的部下对你将是何等的死心塌地。管理团队亦是如此，领导者如果能和团队成员分享成果，那么团体必然上下一心，成员必会齐心协力地谋求更大进步。

业务部经理张雷与客户谈判大获全胜，老板决定为张雷加薪，同时将提成的百分之十给他作为奖励。张雷获得奖励，并没有忘记与自己一同奋战了几个昼夜商讨谈判方案的下属，于是他拿出奖励与大家分享。由此，张雷不仅得到了上级领导的赏识，还收获了下属的爱戴。其实，奖励可能没有多少，却温暖了下属的心，更得到了下属的忠心，在今后的工作中，他们必定会全力以赴！

领导者与下属分享成果，对下属而言是莫大的激励，对领导者而言，是再创佳绩的起点和取得成功的基础。

那么，在实际工作中，领导者该怎么去做呢？下面有两个不错的建议。

（1）得到上级领导表扬时，不忘举荐自己团队的主力干将，在上级领导面前称赞你的团队成员。

肯定团队成员努力的话语，不仅让上级领导感觉团队里英才齐聚，也会让其认为你不居功自傲，是一位可堪大用的优秀管理者，这在无形之间让上级领导对你的印象又加了分，今后对你会更关注。同时也会让你所带领的团队成员感受到你的坦诚和分享之心，之后在工作上，他们必定忠诚地全力以赴。

（2）在团队成员面前，一定要谦虚谨慎，不可张扬。

一旦有了成绩就居功自傲的领导者，必定引起团队成员的不满，甚至厌恶，他们会感觉自己辛勤工作就算是做出了成绩，功劳也不是自己的，之后便不愿再全力以赴，所以，分享是对团队成员最大的激励。领导者一定要牢记分享，将成果与团队的每一位成员共享。这样做，一方面可以提高员工的积极性，另一方面还可以向所有人展示领导者的高风亮节、淡泊名利，从而赢得威望，自己今后的工作也会上一个新台阶。

# 成功秘诀：对员工关怀备至

阿瑟·利维——美国斯凯特朗电子电视公司的总裁，一直把关心人才放在首位。在公司研发闭路电视时，他就遇到了一位拼命工作的员工，为此，他十分心疼。

这名技师名叫比尔，他既有才华又踏实肯干。为了更快地研制出闭路电视，比尔全身心投入到了工作之中。

一天，阿瑟·利维去看望比尔，看到他因工作而显得疲惫不堪，于是他对比尔说："你需要改变一下工作方式，如果你不愿意的话，公司将不再研制闭路电视。"

比尔对阿瑟·利维的话惊诧不已，他很难理解公司为什么做出这样的决定。

于是阿瑟·利维解释道："如果你因为研制闭路电视而把身体累垮了，就算研制出了闭路电视，对公司来说也是得不偿失，公司可不愿损失一位像你这样的人才。"

比尔这才明白阿瑟·利维那句话的意思，感激地对阿瑟·利维说："多谢总裁对我的关心，我会当心身体的。"

听比尔这样说，阿瑟·利维更加关心地说道："不管怎样，我希望你以身体为重。你的努力是有目共睹的，即使你不能研制出闭路电视，也不必责怪自己。"

阿瑟·利维的关心使比尔深受感动，于是他暗暗发誓，一定要研究出成果。在他的艰苦努力下，第一台闭路电视成功问世了。

管理者以为只要按时发工资就能笼络人心，就太天真了。社会在不断进步，员工不会像以前那样，只要给口饭吃就对老板感恩戴德。他们现在不仅需要工资，还想得到管理者的赏识。管理者需要深入员工内心，了解员工的各种诉求，不然即使员工纷纷辞职离去，管理者也无法弄明白原因。

弗兰克·康塞汀创办了位列世界前列的罐头食品有限公司，他的成功就得益于他的管理方法，他的公司始终人才济济，从来不会出现人才匮乏的问题。一次，他们的分厂发布招聘广告，只提供了100个空缺职位，结果却收到了2000份申请。也难怪，这个新工厂充满了家庭气息，在这里工作的员工心情都非常愉悦。

坐落在亚利桑那的费尼克斯的一个工厂成绩卓著，公司就搭了一个露天马戏场让员工在工作之余休闲娱乐。自从修建了马戏场，员工的日产量大大提升。马戏场成了欢乐的大本营，

3 年以后，员工将日产量又提高了近一倍。

弗兰克·康塞汀创办的罐头食品有限公司无疑为员工创造了一个天堂，所以才能吸引大批人才。

可见，领导要想赢得员工的心，就要时刻体现出对员工的关怀，让员工死心塌地地为公司工作！对员工表示关心和善意，满足他们的需求，比任何口号产生的效果都要强。

三得利公司有一个刚入职不久的员工，他的父亲不幸离世，他对同事隐瞒了此事，但是在父亲出殡的那一天，他非常意外地看到公司社长鸟井信治郎率领三得利的全体员工到殡仪馆帮忙，而鸟井信治郎本人礼貌地在签到处帮忙接待客人。

丧礼结束后，这名员工正要回家时，听到鸟井信治郎大叫："没有车子，你和伯母如何回家？"说罢，就亲自叫了一辆出租车，把他和他的母亲安全送到了家。

这样的举动，如果不是具有足够的诚意，是做不到的。领导的关怀备至，深深地感动了这名员工，之后，他一直留在公司，为公司的发展做出了很大的贡献。

在管理公司上，鸟井信治郎一直坚持"爱兵如子"的理念，对待每一个员工，都发自内心地给予关心，也正因如此，三得利公司才一步步发展起来。

企业家是企业大家庭的一家之长，只有爱护员工，才能让员工对你产生信任而爱戴你，才能提升员工的工作积极性。

关怀员工有益于公司的长远发展，这个道理想必大多数管理者都认可，那么具体该如何操作呢？

**1. 职业关怀**

大多数人之所以出来工作，是为了生存，而工作能让我们得到薪水，学到技能，获得成长。

因此一个员工在公司首先需要的是职业上的关怀。

对于新员工来说，初来乍到，对一切都很不适应，因此管理者不能忽略对新员工的职业关怀。首先要及时对新员工进行培训，令其能够尽快适应相应的工作。其次，要时时关注新员工的动向，并多与之进行沟通，也可找老员工多带带新员工。

对待核心员工该升迁的要及时升迁，该表彰的要及时表彰。过年时可奖励核心员工出国旅游，逢年过节可赠送他们带有公司标志的高级礼品，提升核心员工的成就感和荣誉感。

另外，对于所有员工来说，职业生涯规划特别重要，这是其前进的方向。企业应该帮助每一位员工制定清晰的职业生涯规划，这样员工才能心中有期待，做事有干劲儿。

**2. 人文关怀**

员工进入企业之后，企业就有必要对员工的身心健康负责。企业可为员工建立健康档案，并每年组织员工进行体检，关注员工的身体健康。员工生病住院时，管理者要及时探望。员工家人罹患重病时，企业可进行适当补助，以视关怀。

在重要的日子，公司要抓住可以关怀员工的机会。传统佳节时可以为员工买一些实用的礼品；妇女节时可以为女员工发放购物卡；儿童节时可以为有孩子的员工放假半天，使之可以陪伴孩子；员工过生日的时候，企业可以送上一束鲜花或一个蛋糕；等等。

对员工的关心和爱护可以大大增强企业的凝聚力，让员工把希望寄托在企业里，把企业的命运和荣辱当作使命，为企业的发展拼尽全力。

窍门6

# 三五个人，靠的就是齐心协力

◆ 团队文化是公司之魂

◆ 凝聚力是团队的黏合剂

◆ 有团队精神，才有战斗力

◆ 营造"互相取暖"的氛围

◆ 各司其职，产生最大合力

◆ 化解矛盾，营造"人和"氛围

# 团队文化是公司之魂

团队文化是公司中极为宝贵的资源，它虽然看不见、摸不着，但其在无形中影响着团队运转和公司发展。

团队文化无法复制，领导在建设时，生搬硬套其他团队的经验是不可取的，可以学习其他团队的建设经验，在此基础上追求创新，最终形成符合公司定位和发展的文化理念，同时，让它贯彻公司发展的所有环节。领导须清楚，没有哪个团队有无限的生命力，要想团队生生不息，就要在团队的组织体系上构建出独特的文化体系。团队文化是一张无形的网，把每个成员都联结起来，促使所有人向同一个目标奋进。团队文化不受时间和地域影响，不受制度和规范限制，超越个人和团体。

国外某航空公司创建之初虽然是一个小公司，但它从第 3 年开始，每年都是盈利状态，不到 20 年，它已经发展为本国航空领域的大型公司。又在今后的十几年时间里，陆续登上著名杂志和报刊：在《财富》杂志关于"最受羡慕公司"的评选活动中位列第二；在《华尔街日报》关于最满意的航空公司评选中排名第一；《航空运输》杂志因该公司每年都是盈利状态将其评为"年度航空公司"。

该航空公司能有如此出色的成绩，离不开公司的团队文化建设。该公司对团队文化建设非常重视，经过不断探索和完善，公司形成了独具特色的文化体系。

公司的团队文化最重要的一点就是始终坚持员工第一，认可员工的努力，并通过激励来提高员工的积极性。比如，为了表彰员工的成就和突出贡献，在特别设计的飞机模型上刻上员工的名字；在公司的杂志上刊登员工出色的成果或业绩；等等。公司为员工做这一系列事情，就是为了告诉员工，公司为他们感到骄傲和自豪。公司重视的不只是一个团队，更关注团队里的每个个体成员。在领导看来，员工和他们的团队文化是公司最宝贵的财富。

另外，公司还强调团结合作意识，鼓励不同的部门或员工一起完成工作任务。合作使员工提高了工作效率，提高了部门间协调配合能力，进而使公司提高了生产率。毋庸置疑，取得这样的成绩离不开团队文化的作用。

该公司刚成立时就受到一些大公司的挤压，举步维艰。面对外来的各种困难、威胁和挑战，员工团结一致，齐心协力地解决困难，慢慢地，这种氛围促使公司产生了一种新的、独特的文化理念——斗士精神。凭借着斗士精神，公司成功克服了外界阻力，在航空领域站稳了脚跟。这种精神在公司后来的发展过程中仍继续发扬，公司的团队文化引领员工在战争、油价攀升、"9·11"等事件中都克服了危机。最值得一提的是，"9·11"事件后，航空公司基本上是亏损状态甚至破产，而在这种情况下，该公司仍是盈利状态，这正是斗士精神带给员工的强大力量产生的效果。

一个公司成功与否，关键在于它的团队文化是否有力量。人才素质、核心技术、管理能力等这些要素固然重要，但在经济全球化的大背景下，知识、人才甚至核心技术都不再是公司发展的长久保护伞，因为你的资源很快就会成为全行业的资源。不会被共享和窃取的、能使公司长久保持经营优势的只有团队文化。现如今，社会发展瞬息万变，在这个产品、技术没有保障的时代，只有拥有独特的团队文化理念，才能在时代的浪潮中屹立不倒。

团队文化是期望，是使命，也是奋斗力量，由团队成员共同建设和传承。它承载了团队成员的工作方向、思想观念和道德准则，是企业文化的重中之重。但它并非一成不变，而是在成员观念更新、公司发展的过程中不断精进。

我们常说科学技术是生产力，事实上，团队文化也是一种生产力，它并非一句简单的口号，而是一种融于团队发展的精神理念。基于团队成员对这种理念的共同理解和认识，领导制定出适合公司发展的方针政策、经营策略。事实上，很多领导不重视团队文化的建设，这就大错特错了，要知道，优秀的团队文化理念可以为团队指明发展方向，紧密团结成员，促使大家努力向共同目标迈进。

# 凝聚力是团队的黏合剂

优秀的人才如同罕见的珍珠，能散发光芒，领导首先要做的就是把最亮的珍珠收入自己的团队，然后用线串起这些零散的珍珠，使之变成一条耀眼的项链，从而发出更亮的光芒。这根线就是凝聚力。

著名企业家李嘉诚在接受采访时曾言简意赅地指出，在当今时代，凝聚力才是一个公司竞争力的核心。为什么这样说呢？因为这是一个追求个人价值与团队绩效双赢的时代，只有团队成员精诚合作，才能攻克一个又一个难关，取得惊人的成就。

团队缺乏凝聚力，不但员工个人不能发挥自身价值，公司也会如一盘散沙，经不起任何考验。相反，具有很强凝聚力的团队氛围则截然不同，在这样的团队中，成员会有归属感，他们工作努力，追求创新，在工作中敢于承担责任；积极响应团队号召，维护团队利益；团队氛围融洽，成员之间交流顺畅，每个人都可以大胆发表意见。

有一个老板经营着一家钢铁企业，随着社会发展，这个行业变得不景气，这家公司也逐渐萎靡。看到这种情况，这位老板决心扭转局面，拯救公司，他认为，最有效的手段就是增强团队凝聚力。

接着，这位老板开始在公司内推行各种改革举措，首要任务就是让每个员工都参与到这场"战斗"当中。这并不是随便说说，而是这位老板在多年经营公司、管理团队的过程中切实总结得到的经验。

改革完成后，有一次，这位老板请了几位心理学家来公司，让他们去业绩最出色的工厂考察，从中找出带领团队取得成功的那名员工。然而结果令他大吃一惊，因为心理学家给出的答案是："工厂里没有带头人。"

这位老板不敢相信："怎么回事，在我们最出色、业绩最厉害的团队里居然找不出带头人？"

心理学家解释："是的。因为这个团队是我们见过的最佳组合，每个人都认真完成自己的工作，成员之间相互配合、通力合作，团队氛围融洽，大家还都把功劳归于其他成员，所以说，这个团队的成功来自所有成员的付出。"

由此可见，一个出众的团队，必然有极强的凝聚力。在这种团队氛围中，每个成员都有合作意识，懂得合作的价值和意义，并且明白，只有团结协作才能实现共赢，否则谁都无法发挥自身价值，取得成功。而且，每个成员都有大局意识，在集体、团队的利益和期望面前勇于舍弃小我的利益，为团队建设贡献自己的心力。

的确，这样的团队不需要带头人，成员之间也没有谁比谁做得更好，团队的成功就是每个成员的成功，团队的荣誉就是每个成员的荣誉。

有一点需要明确，增强凝聚力并不是追求大同，抹杀成员差异，而是在团队中建立一个核心，然后围绕这个核心，发挥每个成员的优势，形成一股强大的力量。这就如同开篇提过的"项链理论"，领导不仅要将那些像珍珠一般的人才收到公司里，还要用线将其串成精美的项链，这样，这些优秀的人才才会成为一个能为公司发展贡献力量的整体。倘若缺少这条线，拥有再多、再亮的珍珠也无济于事。这条不可或缺的"线"就是凝聚力，它可以将团队人才凝聚成一个有机整体，促使大家一起朝着共同目标拼搏进取。

如今很多公司尤其是一些大型公司都在盲目追求执行力，不少管理专家也纷纷推行。但是，提倡执行力有一个前提，就是这个公司要有凝聚力。如果缺乏凝聚力，不管制定多少规章制度，运用多少激励手段，员工都无法执行到位。

对一个公司而言，最强有力的黏合剂就是凝聚力，它能将众多员工紧密联系起来，将公司目标变为员工的共同愿景，打造出最佳合力，帮助公司走向成功。

# 有团队精神，才有战斗力

团队凝聚力从何而来？归根结底，要有团队精神！

所谓团队精神，指的是一种协同合作、同舟共济的意识，要求团队成员具有大局意识，能够为团队利益而团结协作，共同奋进。没有团队精神，即使将许多优秀的成员集合到一起，也不一定能确保这个团队战无不胜。

总结来看，团队精神应具备以下几个要素。

## 1. 合作精神

组建团队的目的就是为了协作。团队成员为了团队的共同目标而互助互利，换言之，每个团队成员都应该以大局为重，取长补短，充分发挥个人的优势，然后凝聚成团体的整体战斗力，齐心协力完成总体目标。可见，团队精神的基础就是合作精神；没有合作意识，团队就如同一盘散沙。

## 2. 奉献精神

想要完成团队的总体目标，每一个团队成员都需要发挥力量，要全身心地投入工作，不遗余力地贡献自己的时间、经验、精力和智慧。任何规章制度都不能完全激发员工的工作积极性，强烈的工作热情是要靠内心来激发的。也就是说，需要团队成员具有崇高的奉献精神，只有如此，员工才会心甘情愿地加入团队建设，并不断挖掘自己的潜能，主动地为团队建设殚精竭虑，保证团队的高效率运转。可见，团队精神是奉献精神的体现，没有奉献精神，工作也就缺失了动力之源。

### 3. 共享精神

关于团队，有一个著名的"木桶定律"（也说"木桶效应"），这个定律由美国管理学家彼得提出，讲的是一个由多块木板箍成的水桶，其盛水量的多少并不取决于最长的木板，而是最短的木板。"木桶定律"巧妙揭示了一个团队乃至一个企业的经营之道：在一个团队中，成员的能力一般都是优劣不齐的，要想让团队获得发展，就要兼顾优劣，取长补短。可见，一个优秀的团队，是不能缺少共享精神的。团队成员之间必须秉持着互助互爱的原则，共同分担责任，共同抵御困难，为了共同目标而奋斗。

每一个充满战斗力的团队，都具有极强的团队精神。因此，每个团队领导者都应该将培养团队精神作为一项重要的任务。一个团队，要想一直保持最佳的工作状态，必须将团队成员凝聚起来，将大家的力量拧成一股绳，让团队成员朝着共同的目标前进。那么，该如何去构建团队精神呢？以下方法可以供管理者借鉴。

### 1. 共享成果

人们之所以努力奋斗，除了满足生活所需的金钱之外，还有一个重要的核心因素——成就感。付出了努力，肯定想要看到成果，如果成果获得了认同和赞誉，人就会产生荣誉感，这种精神的满足能够鼓舞一个人更加积极努力地工作。因此，共享成果，让团队成员感受到团队成功也有自己的一份努力，能极大地激发团队成员自发地为团队目标努力奋斗。

### 2. 彼此认可

在一个团队中，每个团队成员都是重要的，而他们也需要知道自己的重要性。如果每个团队成员都能明确感受到自己是团队中不可或缺的一分子，团队成员彼此尊重、彼此认可，那么，整个团队就能同甘共苦、精诚合作，团队精神也就在无形中形成了。

### 3. 人性化管理

管理者的管理能力决定着一个团队能否具有良好的团队精神。一个缺乏凝聚力、向心力的团队，归根结底，就是缺乏团队精神，而团队精神的缺失，又往往归结于管理方法。作为管理者，要明白管理的关键在于笼络人心。管理者只有实行人性化管理，才能达到事半功倍的管理效果。所谓人性化管理，就是要求管理者要注重人的需求及人的情感，管理员工要在物质方面和精神方面双管齐下，激励员工的工作能动性，加强团队成员的忠诚度。

### 4. 保持沟通

沟通是解决团队内部矛盾的直接手段，想要维持和谐的团队氛围，就需要管理者掌握沟通的技巧。管理者不仅需要与团队成员保持沟通，及时鼓励成员，还需要在团队内部建立畅通的沟通渠道，使团队成员之间可以实现良好沟通，营造融洽的工作氛围，方便团队成员在工作上交流信息、交换意见，即使出现争执，也能通过沟通有效解决。

总之，有团队精神，才有团队战斗力。管理者应该将打造团队精神作为团队建设的重中之重，让团队精神贯彻整个团队，让每个成员都能秉持团队精神，一起向着团队目标不懈奋斗，共创辉煌。

# 营造"互相取暖"的氛围

每到秋冬时节，成群的大雁便会整齐地出现在天空中，向温暖的南方飞去。此时，大雁通常都是几十只甚至上百只组成雁群，而几乎没有单飞的。为什么呢？答案很简单，因为只有这样，它们才能更加顺利地到达目的地。

科学家曾做过这样一项有趣的调查：大雁南飞时，群飞比孤雁单飞所飞行的旅程能够多出 71%。

这项调查充分说明了团队的重要性。团队合作之所以能取得良好的效果，就是因为团队成员之间可以互相帮助，互相鼓励，携手前行。单独的个体则缺乏这些，容易失去斗志。在大雁的队伍中，彼此之间都是相互照顾的，它们不会轻易丢下同伴。如果某只大雁受了伤，影响了雁群的飞行速度，群雁也不会抛下它。通常，为了不影响整体飞行进度，雁群会继续飞行，但会留下两只大雁陪伴它，当它恢复了健康，它们再急速飞行去追赶雁群。

一个好的团队，应该如雁群一般，彼此扶持，彼此激励。

如果员工觉得自己生活在一个温馨互助的团队里，那么他们的工作积极性就会更高，团队就会更有效率。反之，如果员工处在单打独斗、"各扫门前雪"的团队中，那么团队的整体氛围就会显得压抑，团队效率也不会太高。这是因为环境对人的行为会产生一定的影响，所以，作为团队的带领者，领导应该努力营造一种积极向上的、充满关怀和友爱的团队氛围，这样团队成员才能够互帮互助、齐头并进。

和睦友爱的团队，无疑会更加团结，而缺乏友爱精神的团队，只能让人感到压抑。事实上，没有一个员工喜欢处在冷漠的工作环境中，现在有些团队之所以留不住人，其中一个原因就是氛围差。

有一个离职员工这样说：

"我进入团队后，因为不熟悉工作，所以很彷徨，本想着同事之间可以咨询一下，但发现很难打破团队固有的气氛。从上班开始，同事们就各忙各的，一天8个小时，只能听见键盘和鼠标的声音。经过一段时间的观察，我发现同事之间彼此很冷漠，即使是已经相处半年有余的同事之间，也感觉不热络。除了必要性的问候和工作交接，同事之间几乎不交流、不互动。我在这个团队里，感受不到一点儿前辈的关照，有问题也不敢开口问，每天都工作得很压抑，没有朝气，所以，最后辞职了。"

相反，有些团队却如家一般温暖，这样的团队也更容易留住人。

有一位员工这样说：

"我刚入职时，心情不是很好，感觉很难适应工作，所以每天都战战兢兢，甚至有辞职的念头。但是，公司里的同事对我都非常好，经常帮助我，前辈给我安排工作时，也是反复说明，确保我能听懂。有一次我犯了错误，不仅没受到批评，还得到了一番安慰。我所在的团队，同事间总是笑脸相迎，在休息时，大家开心地聊天，天南海北，无所不聊。就这样，我很快就认同了我这些同事，也渐渐融入了团队。现在，我早已打消了辞职的念头，每天都干劲十足，享受着工作的快乐。"

所以，不要忽视工作氛围的重要性。当员工处于死气沉沉的工作氛围中时，工作的激情也会渐渐被消磨，开始懈怠工作。缺少良好沟通的团队，其协作力也会受到影响，进而影响团队的整体效率。当员工处于"互相取暖"的工作氛围中时，精神会更加放松，心情会更加愉悦，斗志也会更高涨，进而会形成强大的凝聚力，极大地提升团队的效率。

# 各司其职，产生最大合力

群狼狩猎，讲究的就是配合作战，默契的配合成就了群狼的所向披靡。未得号令，群狼不动，号令一响，群狼四起。每一步行动，都清晰明确，稳而不乱，绝不给猎物可逃之机，无缝配合，令人叹服。

一个团队，要想所向披靡，也需要有狼群那样的协作力。唯有勠力同心，才能攻克难关。不过，合作的前提是所有人分工明确，如此，才可各尽其职、负责到位。比如人的眼、耳、鼻、舌，就是明确分工、各司其职；五指握紧成拳，就是五指的通力合作。

"分进合击"，这是战争中的一种有效制敌的战术，强调的就是，从不同的方向包围目标，让敌人插翅难飞，最终一举歼灭敌人。团队合作，也可借鉴此战术，每个团队成员分工得当，虽方向不同，但目标一致，所以，终将达成所愿。

下面这个历史故事能够帮助我们更好地理解合作和分工的关系。

一日，韩昭侯郁郁寡欢，吃饭时就多喝了几杯，醉倒在几案上睡着了。他身边专门为他管帽子的侍从怕他着凉，就为他披了一件衣服。

一觉醒来的韩昭侯，发现身上多了件衣服，便问侍从："我身上的衣服是谁给加的？"侍从回答说是管帽子之人所加。于是，管衣服与管帽子的侍从被韩昭侯一同治了罪。

权责越位之人不但没有得到好处，反而和玩忽职守者一起被治罪。明确分工这一说法其实暗含不在其位，不谋其政的意思，是说做人做事要根据自身情况，完成好自己分内之事就可以了，切不可插手自己不该管的事情。下面的例子就很好地说明了这一点。

汉文帝时期，拜周勃为右丞相、陈平为左丞相。周勃和陈平二人忠心耿耿，共同辅佐国政，有一次，周勃却被汉文帝问得胆战心惊。

汉文帝问周勃："这一年内，判决了多少诉讼的案件呀？"周勃回答不上来。文帝又问："一年出入多少钱谷呀？"周勃还是答不上来。

汉文帝有些不悦，便转去问陈平，陈平答道："自然有人知道这些事。一年判决多少诉讼的案件，廷尉一定知道；一年出入多少钱谷，治粟内史一定知道。"汉文帝听了十分恼火，便责问陈平："按照你的说法，宰相是干什么的呢?"陈平沉着答道："宰相的职责是辅佐天子、考察百官、安抚百姓。"

汉文帝顿时醒悟，不禁转怒为喜，大加称赞了陈平。

上述故事中，陈平的回答堪称巧妙，话语虽短，却有理有据，言明：辅佐天子治理天下、考察百官是当宰相的主要职责，而钱谷、决狱等事项，只要分管部门的大臣清楚就足够了。

身为皇帝的助手，丞相的职责就是"辅佐天子、考察百官、安抚百姓"，这便是在其位，谋其政。正因如此，陈平才没有插手各种具体事务，假如样样都管，样样清楚，就违背了不在其位，不谋其政的要义。陈平的回答将他的政治家风范展现得淋漓尽致，而更重要的是他懂得在其位、谋其政和不在其位、不谋其政的辩证关系，这就是对明确分工，各司其职的最好诠释。

领导者应该重视行政分工，强调每个人各司其职，避免不必要的内耗；严明各自的职责权限，根除推诿扯皮的现象，严格避免不必要的胡乱干预。作为员工，要明确自己的分内之事，对于自己本职工作以外的事情，应做到不妄议。专注于自己的本职工作，不要越俎代庖，介入其他人的职事。领导和员工明确了以上内容，团队建设才能顺利。

# 化解矛盾，营造"人和"氛围

无论多小的团队，都不可避免地会产生矛盾，因为人与人的想法是不可能完全相同的。当团队成员各执己见、互不相让，以致剑拔弩张、面红耳赤的时候，作为管理者，就需要展示自己的调解能力，将矛盾化解，保持团队的和谐氛围。

大事化小、小事化了，也是考验管理者能力的一项重要指标。同事之间发生冲突，并不能证明管理者工作有问题，因为工作上的分歧是不可避免的，倘若管理者无法及时解决矛盾，甚至让冲突愈演愈烈，那就是管理者无能了。

那么，作为管理者，该如何处理团队成员之间的矛盾呢？其实，解决矛盾并没有现成的方式方法，需要管理者具体问题具体分析。不过，处理矛盾能否取得良好的效果，有几个比较关键的因素：一是需要管理者具备敏锐的判断能力，能够准确分析矛盾产生的根本原因；二是需要管理者具备强大的自我控制能力，能够以良好的情绪和态度来处理矛盾；三是需要管理者具备熟练的调节技巧，能够有效协调矛盾双方在见解上的分歧或利益上的矛盾，以恰当的方式来处理予盾。

　　总体来看，管理者要遵循"以和为贵"的原则，尽量采取彼此谦让的协调方式，让矛盾双方化干戈为玉帛。

　　所谓彼此谦让，就是劝解矛盾双方相互退让，这是调解矛盾最常见的办法。采用这种协调办法的关键在于要掌握双方能够接受让步的程度。管理者需要注意的是，无论调解生活纠纷，还是工作纠纷，都应该秉持公平公正的原则，不能偏袒一方，也不能故意压制一方，这样才能令双方服气，愿意退让。

　　对一些比较小的矛盾，管理者可采取睁一只眼闭一只眼的态度，让矛盾双方自行解决；也可以采取含糊的处理方法，让双方自我反省，领会错误，握手言和。此外，为了解决某些矛盾，管理者可适当采取折中的协调方式。比如，团队中两个成员因为利益产生矛盾，互不相让，那么管理者就可以将他们的利害关系结合起来，合理分配，使双方都得到满足。

　　对那些只注重个人私利而不顾整体利益产生的矛盾，管理者需严肃处理，要让团队成员明白，任何时候，集体利益都高于个人利益，不能为了个人利益而损害集体利益，对团队其他成员有失公允。所以，面对这样的矛盾时，不管孰是孰非，都要给予处置，以儆效尤。

　　总而言之，作为团队的管理者，必须具备化解各种矛盾，让团队保持团结的能力。如果一个团队里，每个人都心怀私心，互相捣乱，矛盾不断，那么这个团队迟早会分崩离析。所以，不要小觑矛盾的危害，要想方设法将矛盾扼杀在摇篮里，打造"人和"的团队氛围。

窍门7

# 多打气，让小团队活力满满

◆ 打气是管理者的重要任务
◆ 让员工拥有成就感
◆ 群策群力，让员工做主人翁
◆ 激发干劲儿的小手段

# 打气是管理者的重要任务

微软（中国）的终身荣誉总裁唐骏曾说："对优秀的企业领导者来说，衡量他是不是把这个企业做好，一个很重要的指标便是：他是不是能把员工的潜能激发出来，而且不只是100%，而是 120%地调动起来。"

诚然，大多数优秀的企业家都是激励员工的高手，他们能够适时地为员工打气，鼓舞整个团队的士气，激励员工跟随他们一起努力，共同建设公司，为公司的壮大而不懈奋斗。

在企业经营中，我们可以通过很多方法来激励员工。总结来看，下面几种方法都比较行之有效。

## 1. 愿景激励

公司规模无论大小，都需要有自己的远大目标，即美好的愿景。很多人可能认为，我的公司规模小，而且刚起步，所以不需要虚无缥缈的愿景。事实上，这种想法大错特错。

愿景是什么？它是一个企业的未来，是员工的希望。企业经营者需要为员工描绘一个未来的蓝图，这样员工才能干劲十足地加入你的团队，与你携手并肩地走向未来。有人将构建愿景比作"画饼"，这个比喻很生动，也很恰当。我们就是要给员工画一张美丽的"大饼"，让员工都想象得到，都牢牢地记在心中。

愿景不仅仅是一句口号，它是一个目标，一种野心。员工有必要知道，他们在为什么而努力。明确了方向，员工就不会迷茫了。

联想的杨元庆曾这样"画饼"："我们以2001年联想实现260亿元的营业额为基点，2003年，我们的营业额将做到600亿元。在未来的10年内，联想要成为全球领先的高科技公司，进入世界500强……"

苹果公司联合创办人史帝夫·乔布斯曾这样"画饼"："我们工作并不是为了使苹果电脑的业务蒸蒸日上，而是要创造出一家最棒的电脑公司。"

### 2. 物质激励

人们之所以工作，除了理想，最实际的原因是为了挣钱，满足生活所需。所以，光有愿景激励是不够的，还需要一定的物质激励。

物质激励的方法很多，比如调整薪酬、增加福利、设置季度奖或年终奖、完善晋升制度，等等。总之，你要让员工体会到，只要在公司工作，公司是不会亏待他们的。对小企业来说，公司规模小，很多人会担心没有晋升空间，此时，就需要用物质来留住他们。如果连福利待遇都不及大企业，那么势必留不住优秀人才。

任正非最初创办华为时，就曾这样用金钱来激励员工："将来你们都要买房子，三室一厅或四室一厅的房子最重要的是阳台，而且阳台一定要大一点，因为我们华为将来会分很多钱。钱多了装麻袋里面，塞在床底下容易返潮，要拿出来晒晒太阳，这就需要一个大一点的阳台。要不然没有办法保护好你的钱不变质。"

### 3. 责任激励

在工作中，每个人都会有倦怠期，管理者要想让员工时刻保持精力充沛，专注于本职工作，就需要激发员工的责任心。

员工有了责任心，就能克服倦怠心理，对工作充满热情，尽自己最大的努力做好工作。具体来看，在日常工作中，管理者可以对尽职尽责、表现突出的员工予以表扬（可以辅以物质奖励），对敷衍了事、工作懈怠的员工予以警示，以此提高整个团队的责任心。

例如，一些企业设置奖杯，发放给季度优秀员工或年度优秀员工，同时奖励其轿车或笔记本电脑。当优秀员工将金光闪闪的奖杯放于办公桌上，其内心也会产生自豪感。对得奖者来说，这枚奖杯会激励其更加努力工作，使其有资格接受这份荣誉。对其他员工来说，这枚奖杯就是目标，将激起他们的斗志。

其实，激励员工没有固定的模式，只要能激起员工的士气，使其自觉努力地工作，也就达到了激励的目的。应根据企业的特征，寻找适合自己的激励方法。

总之，激励员工事关重大，每一个管理者都应该将给员工打气当作一项重要的工作，高度重视，及时激励员工，让公司始终保持积极向上的氛围。

# 让员工拥有成就感

对大多数人来说，工作的意义可能更偏向于金钱，但除了金钱，对工作的认同，以及工作产生的成就感，则是激发人们热血奋斗的最重要的心理因素。

在一个公司里，每个人都是重要的，都有其存在的价值，如果没有价值，早就被公司淘汰了。管理者要想提高员工的工作积极性，就要让员工知道他们自己的重要性，让员工明白他们的工作的重要意义。例如，一个编辑，其成就感就来自出版的图书；一个设计师，其成就感就来自自己的作品；一个建筑师，其成就感就来自那一栋栋拔地而起的高楼……

有了责任感，明白了自己的重要性，就有了无形的动力之源。这种动力有时候比物质激励更有效，它能让人废寝忘食地投入工作。关于这一点，古今中外的科学家就是最好的证明。科学家如果没有责任心，没有为人类奉献的精神动力，也不可能完成一项又一项伟大的发明创造。

在一个企业当中，一点儿责任心都没有的员工是不多见的，大多数员工还是希望能够实现自我价值，被公司委以重任。作为公司的管理者，就需要让员工感到自己在公司中的重要性，让他们感觉到团队的运作需要自己，公司离不开他们。

聪明的管理者，都懂得尊重下属，肯定下属的努力和贡献。同时，了解员工所需，为他们创造表现自我的机会。并且恩威并用，让下属明白自己的责任，进而通过努力获得成就感。

那么，该如何做才能让员工感受到自己的重要性，激发其内心的成就感呢？

## 1. 虚心听取下属意见

这就要管理者能够放低姿态，多关注员工提出的意见和建议，让他们知道，公司非常重视他们的想法，只要是有益的建议，公司都会考量，让员工感到自己存在的意义。

## 2. 大胆授权给下属

当一个员工被上级授予了一定的权力之后，他就觉得上级很看重自己。权力，几乎人人都喜欢，因为拥有了权力，就相当于拥有了一定的决策权，就可以决定自己的工作。身边没有领导的指手画脚，工作起来也会更得心应手。领导如果只口头承诺让员工做主，实际中却不授予实权，只会让下属的工作热情一点点地被磨灭，他会觉得自己被骗了，会对领导和公司产生不信任感。久而久之，负面情绪积压过多，员工就可能跳槽。

### 3. 让下属出出"风头"

作为公司管理者，一定要给下属创造表现自己的舞台，让他们有表现的机会。适当让下属出出"风头"，不仅可以锻炼下属的工作能力，表现出领导对他们工作的肯定。而且，可以让员工产生个人荣誉感，能激励他们加倍努力地工作。

总之，让员工拥有个人成就感，让其全面认识自己和自己的工作，对公司和个人都是十分重要的。当员工都具有了责任心和使命感，就能以饱满的热情投身工作。

# 群策群力，让员工做主人翁

一个企业之所以能不断发展壮大，依靠的就是员工。员工是一个企业的根基，管理者只有尊重员工、重视员工，才能让员工产生主人翁意识。

无论是大公司还是小公司，对员工颐指气使，只会下命令的领导，都不可能受到员工的真心拥护。人们都不喜欢听命于别人，而更喜欢掌握主动权，自己做决定。让员工参与公司规章制度的制定，与管理者处于同等的地位，研究和讨论公司中的重大问题，可以使员工拥有一定的主动权。

员工有了一定的决策权，就不会再感到低人一等，也会意识到：自己的利益与公司的利益是紧密相连的，公司发展得越好，自己也会越好，进而产生与公司共命运的责任感，把公司发展当作自己的事业来看待。

让员工参与公司制度的制定，对企业来说也是有益的。在生活中，几乎每个人都有过这样的体会：当独自研究一个问题时，可能思考了 5 次，还是同一个结果。如果参考其他人的意见，就能获得新的思路和启迪。一个小公司，更需要每位员工献计献策，这样才能形成合力，形成比较稳固的局面。

企业制定规章制度的目的是为了更好地管理员工。说到底，制度是为员工服务的，所以，制度由员工来参与制定是合情合理的。以往，管理层制定公司的规章制度，员工只能遵从，而时代发展到今天，民主化已成为不可逆转的潮流，一个好的规章制度必然要得到绝大多数员工的认同。

让员工参与公司规章制度的制定，就是让员工体会到做主人翁的感觉。有些企业家一味强调员工是企业的一部分，但根本不给他们做主的权利，这种空谈只会令员工心寒。当员工感受到了自己主人翁的地位，认识到决策的科学性，也就能担起主人翁的责任了。当员工能把公司的事业当作自己的事业来看待时，也就能自觉地付诸行动，更加努力积极地去工作了。

所以，作为管理者，要想制定一个好的规章制度，激发员工的主人翁意识，就必须给予员工参与的机会，积极采纳员工的建议，使规章制度更人性化，满足员工的需求和意愿。

要想达到群策群力的目的，管理者首先需要摒弃传统思想，不要包揽一切，要广开言路，鼓励员工积极表达自己的想法，让员工参与到公司的管理中。具体来看，主要有两种有效的方法。

## 1. 注意语气

征求员工建议时，管理者需要摒弃自信的语气和神态，少用肯定句，多用一些疑问句。例如，"对于这个问题，可以说一说你的看法吗？""你觉得，这样做是不是更好一些呢？"不要让员工觉得你已做出决定，说出来只不过是形式而已，这样一来，员工会觉得你很虚伪，根本不会认真思考你的问题，只会敷衍了事，如此，也就达不到激励的效果了。

## 2. 暴露难处

在很多员工看来，管理者都是能力出众者，很多事情都能独立解决，根本不需要员工的帮助。所以，管理者需要适当地挑选一些自己的弱点暴露给员工看，把自己工作过程中所遇到的难点告诉员工，让员工了解你的难处，真实地体会到你求助的心情。这样就能引导员工主动积极地提供建议，而你也就能收集更多的信息用于支持你的决策，让决策更加符合公司的管理和发展。

总之，管理不仅仅是一个人的事，规章制度主要还是针对员工的，只要给员工机会，他们是非常愿意为公司的发展贡献力量的。让员工参与公司规章制度的制定，对公司和员工来说，都是有利的，员工积极性会提高，工作效率自然而然也会提高，公司也就获得了发展。

# 激发干劲儿的小手段

每个人都具有巨大的潜能，当这些潜能被激发出来后，就能取得出人意料的成绩。所以，管理者的主要任务就是激发员工的干劲儿，让员工都能热情饱满地投入工作，发挥全部潜能。

那么，激发员工的干劲儿有哪些具体方法呢？下面，我们来介绍几种。

## 1. 竞争机制

古往今来，无论是人类世界还是动物世界，生存法则都是一样的，即适者生存。在职场上，竞争更是激烈，管理者须让员工知道优胜劣汰的道理。当员工消极怠工时，适时地引入竞争机制，也能起到事半功倍的效果。

查尔斯·施瓦斯是一位杰出的企业家，他的一家子公司业绩一直很差，总是完不成任务指标。子公司的总经理想了很多办法，但都无济于事。总经理已经别无他法，只能求助总公司，施瓦斯决定亲自处理此事。

施瓦斯到子公司那天，时间很巧，白班工人正要下班。于是施瓦斯问白班工人："你们今天炼了几炉钢?"白班工人回答："5炉。"施瓦斯没有说什么，他走到公司的布告栏前，在上面写了一个"5"字，然后就回了总公司。

夜班工人来接班的时候，看到了布告栏上的"5"字，大家都面面相觑，不明所以，最终才从门卫口中得知了"5"的含义。于是，夜班工人比之前更努力了，下班的时候，他们在布告栏上写了一个"6"字。

白班工人来接班，看到了布告栏上的"6"字，心里很不服气，觉得夜班工人是在炫耀比他们多了1炉。于是，白班工人也鼓足了干劲儿，争分夺秒地工作，最终，在布告栏上写下了一个"8"字。

就这样，施瓦斯用一个"5"字，成功激起了白班工人和夜班工人的竞争意识。一段时间之后，子公司的最高日产量已经达到了16炉，远远超过了其他子公司。

在团队中，适当地引入竞争机制，能够有效提高员工的工作积极性，达到人尽其才的目的，进而提高整个团队的工作效率，将团队迅速发展起来。因此，团队的管理者必须意识到竞争的积极作用，为员工提供竞争的平台，让员工之间公平竞争。

## 2. 榜样激励

管理者作为团队的核心人物，必须发挥以身作则的作用，为员工树立榜样。首先，管理者要改变高人一等的想法，放下高高在上的姿态，尊重员工，与员工平等相处，这样员工才能感受到被重视，才能真正与管理者同心协力，为公司发展贡献智慧。其次，管理者要从行为上起带头作用，与员工同甘共苦，激励员工积极面对困难，遇到问题迎难而上，共渡难关。

## 3. 不吝赞扬

很多研究表明，最能激发员工干劲儿的，是给予他们肯定和赞扬。诚然，员工工作的主要目的是为了获得薪资，除此之外，员工还需要通过工作来证明自身价值，获得满足感和成就感，所以，管理者的赏识对员工来说是最大的鼓励，恰到好处的赞美比蜜还甜。

管理者不要吝啬赞扬之词，如果某个员工表现突出，让你刮目相看，那么你就不该将对他的赏识埋在心底，而应该让他知晓。即使某个员工只是进步了一点点，也要给予一定的赞扬以示鼓励。其实，每个人身上都有闪光点，都有可赞之处，管理者只要用心观察就能发现。倘若管理者能够恰当地运用赞扬来鼓励员工，就能让员工感受到被关注和信任，进而产生极大的工作热情，更高效地工作。

窍门8

# 经营靠的不是热血，而是战略

- ◆ 胃口不要太大，先"活下来"再说
- ◆ 只抓一只兔子
- ◆ "抱大腿"式生存法
- ◆ 找一条惊呆市场的新路
- ◆ "见风使舵"，避开危机

# 胃口不要太大，先"活下来"再说

某知名集团创始人在讲到小公司的经营时说过："小公司的战略就是两个词：活下来，挣钱。"

他的话很现实，因为对一个刚刚成立的小公司来说，"活下来"无疑是第一位的。全世界每年都有很多小公司如雨后春笋般成立，但用不了一两年，很多小公司就被市场"消灭"了。这些破产的企业告诉我们：让企业生存下来是企业发展的前提条件。

创业之初，先别急着喊口号，制定目标，而要先想想怎么稳步地挣钱，让公司"活下来"。需要注意的是，虽然挣钱很重要，但不要急功近利，正所谓"心急吃不了热豆腐"，胃口太大只会栽跟头。

汪女士经营着一家化妆品店铺，通过线上和线下结合销售，她店铺的生意还算不错，每年也有几万的收益。但汪女士并不满足，她觉得赚得不够多。随着近几年直播行业的兴起，她也对直播卖货产生了兴趣。

　　汪女士的朋友听说她要开直播卖货，都有些担心，表示：现在直播虽然火爆，但想要打出知名度并不容易，所以要做好准备再开始，而且不能着急。

　　汪女士自信满满，说："我做了十年的化妆品生意，有着丰富的销售经验，根本不必担心推销不出去。"

　　汪女士匆忙开了直播，心想着一定能吸引很多粉丝，于是没有听从朋友"少进货，卖出去再说"的建议，拿出了所有积蓄，一次性购进了十多万的化妆品，想要大赚一笔。殊不知，直播并不顺利，观看的人寥寥无几，几个月就卖出去了几单。面对积压的化妆品，汪女士忧愁不已，而且直播也让她精疲力竭，实体店的生意也受到了影响，每况愈下。

　　汪女士经营失败的根本原因就是胃口太大、太着急，不懂得先让公司"活下来"的道理。诚然，很多人都想一夜暴富，但一夜暴富的人屈指可数。作为经营者，更不能抱有一夜暴富的想法，这无疑是一场豪赌，赌输了注定会倾家荡产。

　　所以，经营小公司，首先要考虑的是能否挣钱，是否有十足的把握能挣到钱。真正挣到钱之后，再考虑发展壮大的问题。

# 只抓一只兔子

俗话说："贪多嚼不烂。"经营企业最怕的就是三心二意，跟着市场风向随大流，如此，可能哪个领域都做不好。

一个企业家，应该始终牢记自己的经营初衷，专心致志地投身到自己擅长的领域。事实上，凡是取得非凡成绩的企业家，都清楚自己的优势是什么，也都坚定不移地走着自己认为最有把握的发展之路，某知名电商平台的创始人就是这样的企业家。

这位创始人曾说："做战略最忌讳的是面面俱到，一定要记住重点突破，所有的资源在一点突破，才有可能赢。"从平台成立到现在已经 20 多年，这位创始人始终坚持走中国电子商务这一条路，心无旁骛。

在一次演讲中，这位创始人说："看见 10 只兔子，你到底抓哪一只？有些人一会儿抓这只兔子，一会儿抓那只兔子，最后可能一只也抓不住。CEO 的主要任务不是寻找机会而是对机会说‘No’。机会太多，只能抓一个。我只能抓一只兔子，抓多了，什么都会丢掉。"

在房地产行业发展最火爆的那几年，很多企业的经营重心都开始朝房地产转移，想要分上一杯羹。这位创始人没有心动，没有像其他人一样涉足房地产行业。有人不解，问他："你为什么不投资房地产领域？如此，不仅可以扩大经营范围，而且利润很高！"

这位创始人表示，每个企业家都应该问问自己，创办企业的出发点是什么？平台的出发点是专心做中国的电子商务，目标是做世界一流的电子商务公司。正因如此，平台的资金储备都要用于电子商务，所以不能用于投资房地产。而且，平台做电子商务已经很多年，取得了不错的成绩，说明走这条路是正确的，是自己的优势。如果不专心发展自己的优势产业，而去经营陌生的房地产领域，后果如何，是难以预测的。所以，平台一直专注于电子商务产业，坚持"以守为攻"的发展策略。一路走来，平台面临的诱惑很多，但这位创始人都抵挡住了。

对刚刚成立的小公司来说，更要耐得住"寂寞"，经得住诱惑，要坚持自己擅长的领域，而不要投机取巧，贸然跟随市场风向，跨行业经营，这是相当危险的。房地产赚钱，就转去做房地产；IT 业前景广阔，就迫不及待加入……一个小公司，是禁不起任何冒险的。在改变经营方向之前，作为经营者，应该想一想你有没有充足的资金去折腾，有没有给自己留后路。如果没有折腾的资本，又不能确保新方向万无一失，就该稳扎稳打地从事自己的优势产业，稳中求胜，让企业"活下去"。而不是贪多求全，将企业置于悬崖之上。

经营企业和做人是同样的道理，做人不能太贪，经营亦是如此。如果贪婪之心过重，就容易做出错误的决策。所以，经营者在做决策时，要防止贪婪作祟，看清自己适合做什么，不适合做什么，只有定位精准，才能做好企业。将自己擅长的领域做精，比样样都做而没成果要好得多。

花旗银行董事长约翰·里德曾说："战略越精练，就越容易被彻底地执行。"能够做大做强的企业，无不是有着清晰的发展战略的企业。深圳华为公司的董事长任正非提过一个有名的理论："在引进新管理体系时，要先僵化、后优化、再固化，这样才有利于执行。"可见，决策和战略是何等重要，它关乎的是一个企业的未来。

企业经营，短时间内可能看不到什么突出成绩，但绝不能因为看不到成绩而放弃，更不能随意改变经营方向，走所谓的捷径。事实上，捷径是不多见的，正如俗语所说，"一口吃不成一个胖子"。任何事情都有一个发展的过程,一个公司想要站稳脚跟,更加需要时间。经营者要脚踏实地,一步一个脚印去发展公司,抓住你看中的那只"兔子",只要不松手,终能尝到甜头。

# "抱大腿" 式生存法

刚刚成立的小公司在经营时，千万不要想着去和大公司竞争。大公司一般根基深厚，有着充足的资本和客户群体，是不容易动摇的。与大公司对着干，无疑是自找死路。

很多人认为，大公司是小公司发展的阻碍，有了大公司，小公司便很难有立足之地。实则不然，从另一个角度来看，大公司不仅不会成为小公司发展的阻碍，还可能成为小公司发展的铺路石。

当公司的资源和实力都不强的时候，不妨采用"抱大腿"式生存法，借助大企业来谋求发展。虽然我们鼓励企业创新，但没有强大的资金链支撑，创新的风险是非常大的。首先，开发新产品需要资金投入、技术投入、人才和设备投入，投入太大，时限过长。其次，一款创新产品首次推向市场，想要被人们认可和购买是需要花费一定时间的，而且还可能出现无法打开市场的糟糕局面。

必须看到，路是要一步一步走的，无论一个企业最初有着怎样的宏伟目标，也不能一开始就贪大。所以，最安全的做法是，别急于创新，先与大企业合作，"活下来"再说。通常来看，大企业都需要一些小合作商，如果能搭上这条大船，那么公司的经营一开始就能顺风顺水，稳步向前。

与大企业合作，可以省去在创业之初而不得不进行的巨大投入，也可以一定程度上规避风险。赚到了第一桶金、第二桶金之后，再慢慢考虑公司的未来发展，让公司走得更远。

其实，从古至今，人们都一直在强调"借势"，例如，三国时期诸葛亮的草船借箭；"狐假虎威"中的狐狸，借助老虎的威势，震慑了百兽。这些都体现了"借势"之道。

一个未成气候的小公司，力量是有限的，可能资金匮乏，可能技术欠缺，又可能不了解市场，这些因素对企业发展来说都是致命的，找不到解决之法，就只能举步维艰。聪明的企业家，都深谙"借势"之道，傍大企业，借其财力，借其需求，来实现自我的生存和发展。例如，一些从事服装、鞋袜、玩具等的代工企业，它们就是借助大企业起家的。

不过，需要注意的是，一个企业要想获得长足的发展，就不能一直满足于"抱大企业的大腿"。过分依赖大企业，自身就难以做大做强，而且也存在风险，当大企业无法依靠时，就可能面临巨大生存危机。所以，公司在生存下来之后，需要随时掌握市场风向，调整模式，谋求符合自身优势的发展之路。

"抱大腿"式生存法，对大企业和小企业来说都是有好处的，是一种利益共赢。大企业需要小企业的支撑，而小企业也需要大企业的庇护，这是一种经营哲学，也是公司生存的智慧。

# 找一条惊呆市场的新路

创新，在任何时代都不会过时。创新是冒险的，但也蕴藏着无限商机，是一个默默无闻的小公司在市场上崭露头角的契机。在创新的道路上，有人半途夭折了，有人打开了市场，赚得盆满钵满。可见，不是创新之路不可为，而是要看你有没有能力。

有的人害怕创新，所以走别人的老路，结果发现很难超越别人，不仅没能赢，还赔得倾家荡产。其实，老路不是不能走，但不能原样照搬。市场每天都在发生新的变化，紧跟市场变化，一个行业乃至一个商品也需要做出改变。这就是商机。

创新，并不仅仅指创造出市面上没有的东西，也指新的创意。一个已经成熟的产业，一个很多企业都在做的项目，并非无懈可击，哪怕在呈现方式上有所创新，那也是突破，就有可能打开销路，惊艳市场，获得成功。

图书销售是一个十分传统的行业，街头林立的书店比比皆是，想要从中分一杯羹，可能有人觉得是痴人说梦。然而，就是这条看似无利可图的行当，有人偏偏就找到了一条新路——网上销售。

这个大胆的人就是杰夫·贝佐斯，他创建了第一家网上书店——亚马逊书店。

当时，互联网发展日新月异，他看准了网络经济的巨大商机，于是毅然辞去了高薪职位，开始了创业之路。

其实，贝佐斯最初并没有想好具体经营什么商品，他列出了想要用于网上销售的 20 种商品，最终筛选出市场前景最广阔的 5 种——图书、CD、录像带、计算机硬件和软件。

经过反复考虑，贝佐斯决定开创网上销售图书，用全新的方式来售卖图书。针对当时的图书市场，贝佐斯做了一份详细的市场调研，发现网上销售图书有几大优势：

（1）图书价格便宜，方便邮寄；

（2）全世界的图书多达百万种，而一家书店所能容纳图书的数量是有限的，而且一般都是销售新书，而网上销售的图书可以不受限制，轻松达到百万册；

（3）图书市场没有饱和，市场容量大；

（4）当时的图书行业比较分散，并没有产生零售巨头，因此更容易成为行业领头企业。

贝佐斯开网络书店的决心已定，但是，开店的资金成了难题。贝佐斯只能寻求朋友和亲戚的帮助，最终，获得了130万美元的筹款。然而，对开办一家大型的网上书店而言，这些资金仍然是杯水车薪。

贝佐斯开始寻找投资人，他准备了一份翔实的发展计划书，挨个去拜访可能的投资人。在这个过程中，贝佐斯受尽了白眼和冷落，但他并没有放弃，他相信会成功的。最终，美国最大的风险基金凯鹏华盈投资公司出资800万美元，买下了亚马逊网上书店13%的股权。

1995年7月，亚马逊网上书店正式成立。该书店提供110万种图书，图书品种齐全，而且价格实惠，很多图书都是特价销售，做到了真正的实惠。此外，在网上购书十分便捷，足不出户，就能购买到自己想要的书，而且送货速度非常快，最快当天就能送达。

全新的购物体验和服务模式，很快就吸引了一大批读者，亚马逊网上书店就这样发展起来，一步步成了网上最大的书店。虽然拥有了显赫的名声，但贝佐斯并没有止步，他又陆续开办了音乐网站、药店网站、宠物网站、家庭用品网站。时至今日，亚马逊公司已经发展为涉足各领域的互联网公司，市值高达万亿美元。

亚马逊的成功，是杰夫·贝佐斯勇于创新的结果。如果杰夫·贝佐斯没有把握住互联网的商机，没有顶住压力、坚持开办网上书店，就不会取得如今的成就。

很多人之所以失败，就是因为墨守成规，走了别人的老路。看到别人有利可图，就盲目地跟从，只想"别人是怎么做的"，而不想"我应该如何突破"。咀嚼别人的"残羹剩饭"的结果就是路越走越窄，无法长久立足于经济市场的大潮之上。

成功者却并非如此，他们不屑于去走别人的老路，绞尽脑汁也要踏出一条新路，即使困难重重，也决不放弃。而有些即使走和别人一样的路，也会思考如何与众不同。可见，对企业来说，追求创新是必要的，它是小企业做大做强的最大法宝。

## "见风使舵"，避开危机

一个企业，犹如一艘在大海中随波逐流的船，大企业如同万吨巨轮，而小企业如同那一叶扁舟。

诚然，大海不会永远风平浪静，总有波涛汹涌、怒涛狂啸的时候。在惊涛骇浪中，大船可以凭借其坚实的船体，抵御风浪；小小的扁舟却没有抗衡的能力，如果迎面对抗注定会被打翻。扁舟要想安全只有一个办法，即"见风使舵"，躲开风浪，回到安全的海岸。

俗话说："船小好调头。"在危机来临时，大企业可能因为涉足的领域过多，摊子大、投入大，而无法全身而退。小企业则不然，因为涉足的领域少，摊子小、投入少，所以很容易从困境中抽身，保全自己。

所以，小企业在经营时要提高警惕，时刻关注市场变化，只要有危机的苗头，就停止项目或调转方向，及时止损。要牢记："见风使舵"，才能避开危机。

有时候，危机并不全是坏事，也可能成为小企业发展的转机。在美国金融危机爆发之时，很多大公司都深受其害，损失重大。不过，其中一家小型进出口贸易公司却得以幸存，而且不仅没有损失，还转亏为盈，缔造了一段商业神话。

该公司是如何做到的呢？

当时，受金融危机的影响，该公司主打的罗马尼亚市场经济严重萎缩，公司的利润骤然下降。公司管理层当机立断，很快撤离了罗马尼亚市场，而转入加拿大市场。加拿大货币汇率十分稳定，该公司采取先放货、后付款的交易方式，使公司产品一举占领了加拿大市场。此外，为了拉拢经销商，在产品价格不变的情况下，公司进一步提高了产品的质量。这样做，公司虽然暂时损失了一部分利润，但大幅度提高了公司产品的影响力，进一步壮大了公司。

可见，面临危机，随机应变，及时调整经营方向才是企业的求生之道。当然，转变经营方向并不容易，对大企业来说更是如此，而这恰恰是小企业的优势。只要管理者能预见危机，然后灵活地调整经营方向，将损失降到最低，小企业就能在危机中安稳地"存活下来"。

其实，无论是否处于危机时期，企业经营者都应该具有前瞻性，不盲目竞争，更不做以卵击石的事情。要努力预估市场走向，关注商业信息，寻找适合公司发展的项目，灵活调整公司的发展战略，保持市场竞争力。

惠尔康食品有限公司是中国福建省的知名品牌，曾连续5年位列全国饮料企业前20强。众所周知，饮料市场竞争十分激烈，百事可乐、可口可乐、康师傅、王老吉等知名饮料品牌占有很大的市场比例，想要在这些饮料品牌中保持竞争力，其难度是可想而知的。

惠尔康的管理者很清楚，如果与这些知名饮料品牌硬碰硬，无异于以卵击石，自寻死路。于是，惠尔康第一时间调整了企业战略，将宣传和营销力度的重心放在了福建省，结果很快就占领了当地市场。站稳了脚跟之后，惠尔康才开始进军全国市场。现在，惠尔康已经在全国多个省市成立公司，成为专门从事饮料、乳品及方便食品生产的大型集团化企业。

在经营上，惠尔康的做法显然是明智的。与大企业竞争，在知道并无胜算的情况下，及时改变策略，避开失败的可能。其实，对小企业来说，调整经营方向并不会损失太多的资金，而且也没有繁杂的程序问题，可以迅速做出调整。

总之，小企业并不是没有出路，也并非不堪一击，懂得"见风使舵"的公司，就能维持长久的生命力。